suncolor

suncolor

1日1問的答案之書

10秒提問習慣，7天後開始好事不斷，365夢想成真！

引導式正向提問導師 松田充弘／著

suncolor
三采文化

每天一個問題，和自己聊聊

一天十秒鐘，人生大不同

改變一生，只需要十秒。這些提問極具震撼且強而有力。

十秒鐘，指的是閱讀並回答問題的時間。剛開始你或許無法在十秒內完成，但只要持續回答，一定可以越答越順。

為什麼一開始答不出來呢？這是因為我們平時沒有養成和自己對話的習慣。

和初次見面的人說話，大家都會感到有些彆扭吧？這是因為我們還無法順暢地與對方溝通。在還沒和對方建立關係之前，我們是無法了解對方的。

這個道理同樣可以套用在自己身上。和自己建立好關係，代表了解自己，並能活出自我。

若能了解自己、活出真我，便能了解自己所追求的目標，也能活出更充實的人生。

持續作答，世間所有將如探囊取物

我是本書的作者，提問專家松田充弘。

過去的我，沒有真正想做的事，也找不到人生的方向；儘管勇於挑戰卻都以失敗告終；下定決心要持之以恆做某件事，卻總是三分鐘熱度。

放任銀行存款持續減少，最後才驚覺自己早已入不敷出。過去的我對人生充滿不安與不滿。那時的我，恰巧遇到了魔法提問。在持續回答前輩向我提問的過程中，一切宛如施了魔法，我開始有了不同的想法，也逐漸能夠付諸行動。

這種感覺真的很不可思議，回答問題真是太有趣了。

自此之後，我每天為自己設計一道問題，並反覆回答它。我將這些問題稱為「**魔法提問**」。長達十五年以上。從此我的生活有了很大的轉變，也獲得心中嚮往的一切。

現在，我不再受限於時間和地點，在好幾個我想居住的地方都設了據點，和一群如同家人般的夥伴一起工作，過著不需為金錢煩惱的生活。不論世界發生多劇烈的變化，我每天都能保持一貫的生活形態。這一切全都拜我多年來持續問答所賜。

想要的一切悉數實現，指的是那些發自內心真正渴求的事物。

在我養成持續問答的習慣前，我並不清楚自己心裡的渴望，也不明白自己的心願為何。一度以為電視、雜誌上那些名人擁有的東西，就是自己想要的；把身邊的人和崇拜對象的生活方式，誤以為是自己期望的生活，只是一味地模仿他人的行為。

然而，這些全都是外在的答案，而非內在的答案。真正想要的東西，藏在我們的心裡。**在回答問題的過程中，我找到了屬於自己的內在答案，自然也就知道自己該怎麼做，才能達成心之所願。**

如何更加享受本書的提問？

希望各位讀者都能像我一樣，透過每天回答問題，幫助自己達成心之所願，能夠開心、充實地度過每一天。我就是帶著這樣的心情，著作本書。

這本書包含二月二十九日共有三百六十六個問題，剛好是一整年。所以不管哪一年、哪一天開始都沒關係，請先持續回答一個星期。我相信一週後，你會發現自己在回答問題時，會有不同的感受。

達成連續答題一週後，接著挑戰連續答題三週。這三個星期當中，如果沒時間回答，或忘記回答也無妨，直接跳過那一天，隔天再重來就好。

回答問題會是個令人愉快的習慣，如果想獲得更大的樂趣，推薦和他人結伴作答。

除了自己的回答，透過傾聽他人的答案，也許能讓你發現新的觀點，在你付諸行動前能帶來意想不到的提示。

生日當天的提問，力量更強大

還有另外一種使用方式，就是持續回答「生日提問」。

生日對你來說，是很特別的日子，是對你極具影響力的一天。不論是出生當月或當天，都意義非凡。或許我們之所以在這天出生並非偶然？我會將這一天所擁有的力量和能量，視作一種訊息，甚至會轉換成問題記錄下來。

因此，生日當天的提問並非一年回答一次，試著每週都回答看看吧。希望你能在煩惱時、感到迷惘時，或是想找回自我的時候，都能回答它。它將會是能夠激勵你，同時具有強大力量的問題。

你不妨將這本書當成禮物，送給重要的人。

兩大原則

回答問題時有兩大重要原則。

第一個原則是「不要否定你的答案」。對於脫口而出的回答，你會懷疑是否恰當。但是恰不恰當無所謂，要相信自己的答案都是對的。只要回答就好，沒有對錯之分。

第二個原則是「答不出來，也是正確答案」。或許對大部分的人來說，很多提問都無法馬上回答。請不要著急，試著持續問自己這樣的問題。

就好比有人問我們三天前的晚餐吃了什麼，我們也需要在腦中回溯一下記憶吧。沒錯。當人被詢問時，大腦會自行啟動搜尋答案的機制。

因此，持續向自我提問的過程中，對於那些無法立即回答的問題，我們下意識會開始尋找答案，而答案往往會在不經意中浮現出來。

請試著從今天開始，持續回答問題一個星期。達成後，再從一週延長到三週，甚至是一個月、兩個月……如果遇到挫折，請重新下定決心後再開始嘗試吧。

一年後，你的人生將會有相當大的改變。我非常期待各位重獲新生的樣貌。

CONTENTS

1
月

JANUARY

1月1日

什麼樣的全新開始，是你衷心所求？

開始決定一切。謹小慎微地踏出新年的第一步吧。可以大幅地邁開腳步，也可以是細微到旁人無法察覺的一小步。雖然無法得知結果如何，但一年後再度回顧，一定會慶幸「正是因為這一步，才成就現在的自己」。該如何踏出這一步，讓一年初始成為最棒的第一天呢？

1月2日

魔法提問

002

什麼東西你願意與人分享？

別再獨自霸占，試著開始與他人共享吧。把自己用不完、用不上的東西分送給親朋好友；將自己無法善加利用的物品，轉送給需要的人；甚至偶爾也可以將自己需要的東西贈送給他人。分享這件事，代表著與大家共生。藉由與他人共享，幾經輾轉後，將會回饋到自己身上。

如何開發你潛藏的能力？

我們很難透過自己發覺沉睡在心中的力量，說不定這股力量遠比想像得還要強大。那麼該怎麼做才能發覺它呢？可以試著回顧過去的點滴，若仍毫無頭緒，不妨想想你比他人更擅長什麼。讓今天成為邂逅新自我的一天吧。

1 月 4 日

魔法提問
004

你想挑戰什麼目標？

試著進行自己未曾挑戰過的目標吧。可以從一直想做，卻遲遲無法行動的事開始試試看。著手真正想做，而非當前必須完成的任務。不侷限於工作，試著專注在自己期望的人生目標上。你想達成什麼樣的目標呢？

魔法提問
005

1月5日

什麼事會讓你全力以赴？

面對習以為常的事物，我們總在不知不覺間放鬆怠惰。因為即使不努力，也能完成任務。不過小時候的你，應該對任何事都是全力以赴吧？總是竭盡所能，甚至到了廢寢忘食的地步。什麼事情，會讓現在的你想全力以赴呢？試著找回初心，忘掉其他事情，傾盡全力來完成它吧。

1月6日

魔法提問 006

如何享受一個人的時光？

當我們全心投入工作而感到疲憊時，總想為自己補充能量。有各式各樣補充能量的方式，今天不妨試試獨自為自己充電吧。先安排一段屬於自己的時光，好好解放自己，讓身心獲得自由。

何謂最佳平衡點？

該如何二選一？選 A 還是 B ？或是出現二選一以外的選項——在兩者間取得平衡。試著在事物中取得平衡，找到讓自己最舒服、最恰當的方式吧。自己固然重要，但身邊的人也同等重要；忍耐是必需，但有時也需勇往直前；傾聽很好，但傾訴同樣必不可少。試著在兩者間，找出平衡點吧。

什麼事是只有你能做到的？

你擅長哪些事？請從這些事情當中挖掘出只有你才能做到的事。找出那件別人做不來的事吧。就算不易找到也請不要半途而廢，即使是微不足道的小事，也請堅持將它找出來。答案就藏在你努力挖掘的過程中。

你想對社會有何貢獻？

你的才能並非只為自己而存在，而是為了向廣大的社會，盡一份心力。如果是你，你想對社會有何貢獻呢？在你所處的環境、所在的領域中，好好發揮自己的才能吧。

魔法提問

010

你想和誰一起合作？

比起單打獨鬥，兩個人的效率更好；比起兩個人，三個人更具優勢；比起三個人，四個人更具競爭力。一起參與的夥伴越多，你將能完成更大的項目。將今天定為合作日，和你的夥伴相互激勵、磨合、互助，並攜手朝著共同的目標邁進吧。做什麼固然重要，和誰一起做更重要。你想和誰一起合作呢？

你從失敗中學到什麼？

一帆風順並不等同於成功，有時不順遂和失敗，才讓我們有機會學習與成長。試著在平順的時候，也要保持澄澈的心，努力察覺平日裡的疏忽及遺漏。如此一來，你一定能獲得讓自身有所成長的重大養分。

1 月 12 日

魔法提問

012

下一個挑戰是什麼？

挑戰並非只有一次。結束一項挑戰後，不論成敗如何，請試著開始下一個挑戰。不妨從今天開始，將今天定為反覆進行全新挑戰的日子吧。相信你一定能從中得到新的體悟，未來也將會有豐碩的果實在等著你。

你希望誰來幫你？

我們難免會有不安的時候。例如，不確定自己的做法是否恰當。遇到這種狀況，雖然小心謹慎為上，但若太過小心翼翼，恐將一籌莫展。別一個人抱著煩惱，試著向外求援吧。我相信一定會有樂於向你伸出援手的人。不妨鼓起勇氣試著尋求協助。

魔法提問

014

你更大的夢想是什麼？

你的夢想是什麼？如果這個夢想能夠不斷地壯大，那麼你就得將它重新描繪得更為壯闊。在大處著眼，不要拘泥小節。即使是遠大的夢想，透過每日不斷地努力，終會有實現夢想的一天。

如何讓生活更充實？

想要生活更加充實，其實不需要額外花錢去做特別的事。只要留意自己是否天天都能心靈富足，並將這份覺察延伸到生活中的各個角落。每天花一點時間，讓自己養成習慣，斟滿心靈的玻璃杯。原本空蕩蕩的玻璃杯一旦盛滿，你就能了解何謂真正的豐足。

魔法提問

016

如何善用你與他人間的緣分？

人與人的緣分是至關重要的寶物。你目前所結下的緣分，都是冥冥之中自有定數。從今以後，好好善用這些緣分。同時，也別忘了和自己的有緣人共創新的價值。這麼一來，對方也會樂於維持和你之間的緣分。藏在你心中的，究竟是什麼樣的緣分呢？

如何提升你的能力？

持續往更高的地方看吧。當你想更上層樓時，千萬別有所顧慮，盡可能地向上爬升吧。有些風景只有接近山頂時才能看見，也才有心力達成更多的事。拓展自己的可能性，你才會更清楚自己能為大眾做出哪些貢獻。或許在攀升途中，會變得膽小怯懦，但只要跨過難關，將變得更加堅強。盡你所能，盡情地攀向更高的地方吧。

你認可自己的哪些特質？

戰勝對手，並不是要和對手比出高下。這麼做只會在定出勝負時開始新一輪的競爭。試著專注在自身，而非對手身上。找出自己當下能做的事，認同它，並給予自己大量信心。這麼一來，真正的滿足將會在心中生成，久而久之，我們將不再介意周遭發生的事。

今天你補捉到什麼靈感？

你的心中有一汪源源不絕的靈感泉源，今天就是捕捉靈感日。在捕捉靈感前，切記拋開多餘的顧慮，只要用心感受那股湧現而上的靈感，並將它運用在這個世上。在反覆進行的過程中，你將日益提升自己的價值。

1 月 20 日

魔法提問

020

你想向誰傳達
內心的真正想法？

單靠自己是無法順利向理想邁進的，不過相信一定有人願意陪你向前。或許是一個人，或是兩個人，可能有更多人也說不定。好好將自己的想法，告訴這些人吧。我們往往只能理解言語的表面涵義，請將言下之意也清楚傳達。別忘了一併表達自己的心情。

你有仔細傾聽自己的心聲嗎？

你最想珍惜誰的聲音？師長、伴侶、還是工作夥伴的聲音呢？其實最該珍惜的是自己內心的微小聲音。試著豎耳傾聽吧。它將在你感到徬徨、煩憂和動搖時，成為你的盟友。空出與自己心靈對話的時間，讓心聲成為你的盟友。

1 月 22 日

魔法提問

022

你曾經為何而笑？

有時候，人會變得像機器一樣冷酷。在這種狀況下，我們會強壓自己的情緒，不論是喜悅、憤怒或悲傷，都不會表現出來。試著回憶過去那些發自內心歡笑的情景，並將自己的情感完全釋放出來。

如何堅持你的生活方式？

不管你的生活哲學是什麼，相信一定都能不受拘束地生活下去。因此，請好好珍惜自己的生活方式。或許會有不安、窮困的時候，但你的態度會打動身邊的人，讓他們跟著你一起邁向該前進的道路。

魔法提問

024

你會堅持哪些原則？

別人是別人，你是你。不必硬把別人的準則套用在自己身上，替自己訂定一套專屬的原則吧。就算這個原則和別人不同，肯定能遇到與你產生共鳴的人。到頭來，我們就能建立一套讓自己、身邊的人，甚至整個社會都滿意的原則。

無法對別人說的真心話是什麼？

遇到突發狀況時，我們往往無法誠實表達自己的情緒和想法，就好像失去了自我。今天就向身邊的人傳達自己的真實心情吧。想法與身邊的人不同，甚至對這個想法存疑時，那些能夠以真心話與你相交之人，才是能和你一同共度未來的人。試著向重要的人，傾訴無法對別人說出口的真心話吧。

1 月 26 日

魔法提問

026

你的靜心時刻是何時？

世界不停變動，時間不斷流逝，永不停息。但你的心不需要配合時間持續跳動。反之，若是不讓心適時停歇，最終只是白白耗損。試著讓心靜下來，不管時間如何消逝，試著靜心度過吧。先有靜才能後生動啊。

1 月 27 日

如何享受寂寞？

一天當中，也許會有讓你感到寂寞的時刻。可能是長時間獨處時、身邊的人離開時，或是完成一件事情後，不知道接下來該做什麼時，一旦放任這樣的狀態，寂寞就會占據大腦。儘管如此，不論是哪種情緒，都是我們心靈的養分。試著讓寂寞陪我們作伴吧。把所有情緒當成內心堅強的後盾。

1 月 28 日

魔法提問

028

想法卡住時，該怎麼辦？

在同樣地方持續思考同一件事，只會讓這個思緒占據大腦。此時就算思考別的事，最終還是會繞回原本的思緒。就算想得出新的解答也總會出現相同答案。遇到這種狀況，試著積極接觸新的人事地吧。當想法面臨瓶頸，思慮變得僵化，不妨去認識新朋友，或光顧從未去過的店家。如此一來，就能產生新想法。

真正的你是什麼模樣？

自然才是美，無須勉強妝扮自己。就像花朵不會打扮自己，大自然只要維持原本的樣貌就很美。多留意原本的自己吧。正是這份不造作，才是大家所追求的你。

魔法提問
030

你想做什麼不平凡的事？

聽到別人說你與眾不同，有什麼感覺呢？與眾不同絕非壞事，反而是一種優勢。試著活用這項優勢，將自己獨特的思考和創意表現出來。即使你的想法和創意不被身邊的人認可也無妨，總有一天他們一定能理解你。不妨朝著自己獨創的路邁進吧。

你的本質是什麼模樣？

俗話說：「人要衣裝，佛要金裝」，大家容易受到外表影響。不過，不管人或事物，是無法從外表透析本質的。那些隱藏的部分，才是這個人或事物真正的本質。你具有洞悉這些本質的能力，不妨試著找出那些肉眼看不到卻十分重要的本質吧。

2
月

FEBRUARY

2月1日

如何掌握與學習全新事物？

現在有什麼新的事物問世呢？有時採用新的技術，可以將過去無法達成的事情化為可能。這種狀況經常發生，小自周遭的事物，大至足以改變人類歷史的劃時代貢獻。如果這項技術能夠為自己加分，那麼不妨努力學習，將它變成適合自己的利器吧。

2月2日

魔法提問

033

你該做哪些大改變？

縱使想改善當前的狀況，但只做微小的改進，是不會有重大轉變的。這時需要的是大膽革新。別受限於過去的常識、框架和習慣，試著給生活來場大改造。但是只靠自己成不了大事，和夥伴們一同大改造吧。

從高處俯瞰時，你會看見什麼？

對於眼前的事物，我們總能清楚地看見，但卻很少從高處俯視。然而，唯有從高處俯視，才會發現眼前的事物其實很渺小。從高處俯瞰事物的全貌吧，這樣你才有機會拓展新的視野。當從高處俯視自己正在進行的事，你會看見什麼呢？

2 月 4 日

魔法提問
035

傾聽自己的心聲，你會聽到什麼？

同樣都是聽，用耳朵聆聽和用心傾聽，聽到的聲音大不相同。當然，用心傾聽能獲得更多的收穫，或許你還會發現自己的渴望和不足之處。好好用心聆聽周圍和自己的一切吧。

和不同對象，你想維持什麼樣的關係？

根據不同對象，我們會有與之相處最合適的距離。有適合親暱相處的對象，也會有稍微保持距離較好的對象。與人來往時，不妨留心一下彼此的距離。如此一來，自然就會知道，和對方維持不會感到不便的最佳距離。透過人際關係學到的事，才能真正豐富我們的人生。

2月6日

魔法提問

037

如何專注？又如何放空？

集中注意力會讓我們全神貫注，甚至進入忘我境界。這樣的專注力很棒，但是無法持之以恆保持專注力。全神貫注後需要解放身心，可以空出一小時，不做事、不動腦，只是發呆。如此，腦中才有多餘空間，能注入新能量。

不安能帶來何種轉變？

有人感到不安時會止步不前，也有人能將不安化為動力，驅使自己進步成長。想成為後者，請好好回憶過去所有的煩惱與不安，仔細品味每個感受。當感覺快被壓垮時，告訴自己：「我辦得到。」將會感到一股炙熱的力量，從心底急湧而上。

想想最近發生什麼好事？

幸運之神總是眷顧有幸運體質的人。能否從稀鬆平常的瑣事中覺得自己很幸運，將會扭轉我們對人生的看法。換句話說，所謂的幸運不是看發生了什麼事，而是面對這件事感受到什麼。想讓自己變成幸運體質的人，不妨試著以幸運的角度，去看待發生在自身周遭的事。

什麼事應該立刻行動？

你現在該做什麼？你有能力做好該做的事。而這股力量，甚至還能幫助你成就任何事。不過，在成就的過程中千萬別將自己逼得太緊，適度休息也很重要。游刃有餘地努力達成目標吧。

魔法提問

041

什麼事該貫徹到底？

將掛心的事貫徹到底吧。即使這件事有違原本的計畫。雖然你告訴自己辦不到，壓抑自己，並試圖遺忘它，但仍舊無法將之拋在腦後吧？既然如此不如全心投入，不留遺憾地貫徹執行。相信一切終能回歸正軌。說不定讓你掛心的事，其實才是你該走的路。

你想不顧一切嘗試什麼？

自由自在的狀態下才能發揮應有的實力。別被既定的規則和價值觀限制，放鬆自在地思考並採取行動。也許會被周圍的人阻止、反對，越是這種時候，更要努力讓周遭都能贊同你的決定，努力不懈地讓其他人理解。

魔法提問

043

從人際關係中能有什麼收獲？

雖說獨處就不會有人際上的煩惱，但人無法獨善其身過日子。有些時候和他人來往能使自己有所成長，例如與人交往所獲得的喜悅、歡樂和相互理解。只要懂得與人交流的好，必能享受與他人來往。稍微比現在更頻繁積極地和他人相處看看吧。

2 月 13 日

你有什麼地方與眾不同？

與眾不同難免令人感到些許格格不入。但若想成為最獨特的人就不用勉強自己迎合他人。因此，大膽成為更獨樹一幟的人吧。無須理會旁人目光，盡情實踐所有想完成的目標。總有一天，那些原本用詫異眼光看你的人，也會認同你是光彩奪目的存在。

如何讓心胸更開闊？

開闊的心胸絕對優於心胸狹窄。開闊的心胸能讓你更從容、有包容力，對事也能面面俱到。就算有絕佳的構想、精彩的創意，若是心胸狹隘將無法發揮才能。試著開放心胸，才能將自己擁有的特質與才能發揮到淋漓盡致。

你想到什麼好點子？

即便想到了好點子，若沒有實踐就等同於沒想到過這個好主意。試著將所思所想用自己的方式表達出來，即使無法侃侃而談地表述，只要飽含心意即可。能夠理解你的人，就是未來與你相伴的人。畢竟懂你的人不管怎樣都能讀懂你的心。

2 月 16 日

魔法提問

047

什麼事該優先執行？

好奇心越旺盛，就有越多想做的事。要是有很多腦袋和手腳，也許就能一次搞定所有事。但因為只有一副軀體，在眾多想做的事情當中，什麼是最想執行的事？可以以樂趣為考量，也可以思考是否對自己有所啟發。無須多想，最重要的是你的選擇。相信現在應該已經知道，自己該做什麼了吧？

長長人生路途上，如何讓過程更有趣？

任何事情實踐的過程都是無趣的，所以我們需要添加點戲劇性。你想用什麼樣的構思、情節和美感，來完成這部巨作呢？試著寫一部長篇大作吧。

2 月 18 日

魔法提問

049

你真正關心的事是什麼？

不去懷疑一般認知及社會規範，過一天算一天固然輕鬆自在。但久而久之，將徹底扼殺自己的個性。真正的你會關心什麼事呢？又想珍惜些什麼？在思考這些問題時，不妨將你的個性展現在行為當中。源源不絕的嶄新創意將從體內不斷湧出。

如何更寬以待人？

你的器量有多大？我想應該是無限大的程度吧。正因如此，應該要將目光放在更遠大的事物上。挑戰他人無法模仿的目標。也許會和別人產生摩擦，這時不妨展現寬大的氣度，溫柔地包容對方。如此一來對方定會成為伴你前行的好夥伴。

2 月 20 日

魔法提問

051

如何察覺對方的情緒？

我們都想了解對方的心情。雖然可以透過對話知道對方的心情，但有些事是無法透過交談得知的。此時，不妨感受一下對方的內心，試圖找出連對方都尚未察覺的真心吧。若能讀懂真情實意，你將能成為對方的最佳盟友。

人生真正的價值是什麼？

有些價值會隨著時代而改變，也有些價值亙古不變。你可以在永恆的價值上，添加專屬這個世代的風格元素，這是只有能懂真正價值的人才辦得到的事。擦亮雙眼仔細探查各種事物內含的價值吧。

魔法提問
053

你想和大家分享什麼喜悅？

持續不斷地改進，可以讓物品更便於使用。你可以獨自尋找改進的方法，也可以集結眾人的智慧，提出改善方案。和大家一起合作，能獲得更大的喜悅。和大家分享那些快樂又有趣的事，並一起向前邁進吧。

在關注的事物上，如何增加附加價值？

在原本就有價值的東西上增添點巧思，或許能創造出更大的價值。只要稍微加工，或改變呈現方式，就能讓物品脫胎換骨，變身成全新的東西。經過你的巧手，那些過去不受青睞的事物，將會突然開始受到矚目。不妨從你唾手可得、擁有的物品開始為之增添名為附加價值的魔法吧。

2月24日

魔法提問

055

如何對他人有所貢獻？

既然降生於世，不妨對他人有所助益。不一定非得是對社會有重大貢獻之事，也可以是向困頓之人伸出援手，或是為社區活動揮灑汗水。為他人投入心力，自己也能獲得滿足。眾人喜悅的笑顏，將成為你活力的泉源。

如何突破自身極限？

一股腦地在力所能及的事上打轉，是無法有所改變、有所成長的。試著具體化自己的極限，並且努力突破極限。或許一開始會因為難度很高，而感到茫然或沮喪。但不可輕言放棄，請馬上奮力起身，重新再戰。反覆的試煉將成為你突破極限的原動力。

你想對什麼事付諸熱情？

微小目標不會讓人產生動力。若你也這麼想，不妨找一個能讓你熱衷的目標。如此一來，就能心無旁騖地朝著目標邁進。不是他人口中「應該要做的事」，必須是你自己設立的目標。千萬別忘記，要按照自己的想法做決定。

如何讓夢想不成為空想？

你有一個遠大的夢想，試著想想該怎麼做才能讓夢想不僅是空想？試著打造能讓集中精神的空間或時間；試著尋找一起良性競爭追夢的對手；或是打造能發揮所長的環境。為了迎接更加美好的未來，盡全力實踐你的夢想吧。

你思考過世界未來的面貌嗎？

如果這世界將依你的理想重新改造，你將描繪出怎樣的世界呢？街道會是什麼面貌？又會有怎樣的人居住在此？人們重視的價值觀會是什麼？你一定能打造出心中的理想世界。為此，該採取什麼行動？試著編織出專屬於你的故事吧。但首先最重要的是發揮你的想像力。

2 月 29 日

如何化危機為轉機？

當遇到危機時你的想法是什麼？「算了，放棄吧」還是「不如把危機當作成長的機會」。遇到危機若不能有所作為未免太可惜。試著用開闊的視野來看待，讓危急情況轉變成絕佳狀況吧。有了這項能力，你將無所畏懼。

3

月

MARCH

如何才能永保純真？

若是每天都過得很懶散，我們的內心就會出現雜音，並讓自己純潔的心靈染上一片烏雲。若總是在意旁人的目光，靈感將不會湧現。想維持過去的單純美好，不妨思考一下，自己該放下什麼？又該秉持怎樣的態度生活？有了純真無瑕的心，才會有出色的靈感。

你想對他人有什麼影響力？

假設你擁有極大的影響力，你想用在哪裡呢？同時也請你思考一下，自己將為何而用？為誰而用？既然都要使用，希望你能用在引人向善的事情上。心裡有了答案後，不妨將它化為實際的行動。

3月3日

如何相信直覺？

有些事情是想破頭也想不通的，這時不妨仰賴直覺。就連那些覺得自己直覺不準確或預感從沒猜對過的人，應該都有心裡突然出現某個想法，或內心感到躁動不安的瞬間吧。有時候不去多想，信任這個感覺照著做，那個困擾已久的問題，反而能因此找到解決的線索。拋開腦中根深蒂固的觀念及一般認知，好好發揮自己的預感吧。

3月4日

魔法提問

064

如何做才能相信自己？

我們都想相信身邊的人，但在此之前，我們必須先相信自己。試著毫無保留地相信自己，並成為全世界最信任自己的人吧。徹底相信自己，你才會有自信，做任何事才會順利。你會相信怎樣的自己呢？採取什麼行動，能讓你相信自己？

如何增加創造力？

成為一個能夠不斷湧現絕佳創意的人吧。想成為這樣的人，不能老待在同樣的環境，做一樣的事。你可以到新的地方，嘗試各種第一次。當你在新的環境得到出色的想法後，希望你也能考慮實現它。你的創造力，將是為大家帶來歡樂的泉源。

如何讓別人開心？

規劃一些餘興節目吧。不是那些大家都想得到的活動，還要加上大量的個人特色。試著逗樂別人，同時也想像一下，身邊的人因你而開心、驚喜的神情。

你想製造什麼驚喜？

想送一份驚喜給心裡所想的那位嗎？請開始準備吧。如果只是將想送的東西包裝好，那未免有些無趣。送禮就要送到心坎裡，先調查對方的大小事，在不被發現的情況下偷偷準備，最後再送上這份讓對方驚喜的禮物。準備禮物帶來的喜悅，遠比收到禮物大上數倍。

什麼事是你能教別人的？

最有效的學習方式是教導他人自己過去所學。填鴨式的學習是無效的，只有實際運用，才能真正領悟。請將自己過去學到的知識傳遞出去，過程中可以將自己的經驗當作精髓，一併傳授給對方。你的學識一定會變得更有價值。

3月9日

如何讓自己順勢而為？

在下行的手扶梯往上走，怎樣都無法前進。只要一停下來，就會退回原點，所以只能一直往上走。不過，這仍舊改變不了現況。你要試著改變行進的方向。吹起逆風時，就要改變自己的方向，讓風向變成順風。順勢而為，輕巧地移動吧。

魔法提問

070

如何在卡關時，相信自己的靈感？

靈光乍現時，更要採取行動。對於那些絞盡腦汁，也無法順利進行的事，通常只要順從靈感，事情就能順利進行。無法解釋這樣的現象也無妨。有時經過精心計算，或制定了縝密計畫，事情也並非能如計畫般順利進行。相信靈感，順勢而為。

你想發明什麼？

你有能力察覺到一些從未有人想過的事，或沒人注意過的事。覺得「要是這樣該有多好」、「如果有這個，會方便很多」，不妨多想些這樣的點子吧。讓生活更加富饒的智慧，讓生命更加歡樂的訣竅。試著在現有的東西上，添加你特有的新思維，創造嶄新的東西吧。

3 月 12 日

魔法提問

072

你的理想生活是什麼？

試想你的理想生活是什麼模樣？在怎樣的地方？生活周遭有什麼東西？和什麼人一起共度？同時也請仔細打理這個讓你感到舒適的環境。慢慢地添加你認為不錯的事物，實現你的理想生活。只有先打理好自己的生活，才有能力實踐抱負。

3 月 13 日

如何與自然產生連結？

只有在與自然連結時，才能發揮你原有的實力。自然與人工，兩者的韻律以及散發的能量大不相同。身邊充斥著人工物品，可能會讓你做出原本不會做的決定。多接觸大自然才能做出更多符合本性的決定。盡量減少生活中的人造物，多使用天然的東西，並順應自然的趨勢。

3 月 14 日

魔法提問

074

如何做到一視同仁？

如果要組隊一起完成某項任務，希望你能建立一個良好的關係，並努力凝聚成員們的向心力。這必須從愛每一位成員開始。挑剔或是特別偏好某位成員，是無法讓團隊正常運作的。試著一視同仁對待與你夢想有關的人，謙虛地和他們相處。如此一來，就能建立起緊密又團結的隊伍。

讓自己處於平靜，你能看見什麼？

許多人都是在變動中產生靈感。不過，也許寂靜中才能湧現真正的靈感。試著離開所待的環境，將自己放置在安靜之處，感受一下平穩的心為你帶來什麼？這時，腦中閃現的靈感，一定就是現在的你真正所需的。

3月16日

魔法提問

076

站在上帝視角，你可以看見什麼？

當面對重大問題，卻遲遲找不到對策時，不妨試著從更高處向下俯瞰。你將發現這個問題根本微不足道。就連矗立在眼前的巨大石塊，若從宇宙觀望，也不過是如塵埃般的存在。試著用上帝視角，去眺望那些讓你困擾的事和必須解決的難題。或許當你往下看時，就能想出不同以往的處理方法。

如何享受變化？

一成不變讓人感到安心，因此我們總是走同一條路去車站；用同一種方法工作，每天過著日復一日的生活。接觸從未做過的事，會讓我們倍感壓力。但是，一成不變並不能讓我們活得更好。接受變化，好好享受。不要害怕改變，想想該用什麼方法，才能讓自己樂在其中。

魔法提問
078

如何擦亮內心的明鏡？

你從心中鏡子裡看到什麼？是圍繞在身邊的幸福、美好和燦爛吧。再寶貴的鏡子一旦染上髒汙，就無法映照出任何東西。鏡子只需擦拭，就能去除髒汙，變得明亮；只有心清澈了，心中的鏡子才能恢復光亮。擦亮心中的鏡子，讓它能夠清楚地映照出身邊的幸福與美好。

3 月 19 日

你期望的未來是什麼模樣？

你希望遙遠的未來，是一個怎樣的世界？這就是你的遠見。當遠見即將實現時，自然又會出現下一個新的遠見。因此，你永遠無法實現它。遠見就好比替大家照亮前方道路的燈火，沒有它，大家就不知道該何去何從。不要模仿別人，描繪出你獨有的遠見吧。

3 月 20 日

魔法提問 080

你正在做什麼準備嗎？

你的執行力無人能敵，這也是你的魅力所在。只是當你因為動作快而不斷出紕漏時，不妨試著多花點時間準備，並好好規劃。或許這麼做會讓你倍感壓力。不過，準備得越充分，目標達成率及完成度也會越高。你會為了什麼花時間準備呢？

你準備捨棄哪些過去的價值觀？

你想珍惜的事來自過去的經驗，和身邊的人傳授給你的價值觀。這些因素造就了現在的你。當人生迎來新的階段，或成就新的自己時，我們會放下過去，並接受新的價值觀。這個過程使人成長，並引領我們進入新的循環。你要捨下的，是什麼樣的價值觀呢？

3 月 22 日

魔法提問

082

你想突破什麼困境？

當你朝著夢想奮力邁進，眼前突然出現一道牆，這時該怎麼辦？若是道矮牆，大可輕鬆跨過去。但若是一道高牆，不付出努力、不下苦工是無法跨越的。當越過這道高牆時，你將有所成長。若是沒有這道牆，沿用過去的方式一樣可以前進，卻無法讓你成長。你想跨越的牆，是道怎樣的牆呢？

什麼是你不為人知的一面？

一直展現出來的自己並非等同於完整真實的你。一定還有一些經驗和興趣，是你從未對人提起，也沒讓他人知道的。其實朋友們早就看穿你了，說不定他們早已從中感受到你的能力。你身上不為人知的能力是什麼呢？

魔法提問

084

你要將才能
發揮在什麼事情上？

若你不能好好發揮潛藏的過人才能，就如同一開始就沒有這些才能；沒能察覺自己的才能，也等同於未曾擁有過。發覺自己的才能，好好利用它，才能展現完整的自己。想一想，要怎麼運用自己的才能呢？才能不該是用在自身利益，而該用在眾人利益之事上。

你能看穿隱藏的真相嗎？

雖說所見不一定都是事實，但多數人還是常以眼睛所見，作為衡量真相的標準。因此，我們往往會受到非事物本質的影響，這點實在很可惜。其實，你擁有能夠看透真相的雙眼。用自己的雙眼，去找出隱藏在事物背後的真理，以及它所包含的真實意圖吧。

3 月 26 日

魔法提問 086

你想培養什麼興趣？

「因為是工作，所以要如期完成」、「都已經是大人了，不可以這樣」，若是持續遵守這些教條，你將永遠無法展現自己的優點。暫且將這些規則從腦中抹去，帶著滿滿好奇心自由行動，發展興趣吧。不論寬廣深淺，只要找到能讓你專注的事，就去探索。

3 月 27 日

如何說出你的心意？

你的感受定能打動他人，但若只將感受藏於心中，是無法傳達給對方的。如此一來便浪費這份真情實意。只有言語才能撼動人心。就算你認為只要有心無須明說也無妨，又或者認為表達心意太麻煩，但還是希望你能夠重視，用言語傾訴心意的過程。

3 月 28 日

魔法提問

088

如何在想太多之前，先行動再說？

你是否有過，只要一想到可能遇到的阻礙，就變得寸步難行，只能任憑時間流逝。這時，不妨先踏出第一步，一邊行動一邊思考。不一定要是很大的步伐，倘若你無法容許失敗，那麼踏出一小步也沒關係。最重要的是思考前，先行動。

如何認可並接納不喜歡的人？

假設你有一個很討厭的人，甚至決定老死不相往來，完全無法忍受他。會有這樣的想法，是因為你很在乎自己的情緒，這一點當然非常重要。但有時候，你也必須學會容忍。忍讓對方，進而認同對方。只有這麼做，才能慢慢理解對方的心情，並開始與對方交心。

3 月 30 日

魔法提問

090

什麼事新鮮又有趣？

試著不斷接受新的挑戰吧。不要淡然地接受，而是能用愉快的心情去迎接挑戰，畢竟你原本就不是滿足常規的人。挑戰新事物的過程，出色的創意將會不斷湧現。不管是工作或生活，只要將快樂和創新湊在一起，就能達成只有自己才做得到的事。

你害怕失敗嗎？

很多人都希望自己永遠不會失敗，因為勝利能帶來許多好處。但是輸的一方，就完全沒有任何好處嗎？並非如此，也許輸家才是獲得更多的一方。因為失敗中隱藏著許多學習與成長的種子。即使是過去的失敗也無妨，當你找到沉睡其中的種子後，希望你能好好灌溉它們。我相信，一定會讓你變得所向無敵。

4

月

APRIL

092

4月1日

你想大膽開創何種未來？

輕易就能實現的未來，一點樂趣也沒有。更大膽地描繪自己的未來吧。這個未來的規模必須夠大，而且要周延縝密地規劃。在這個階段，不用去考慮能否實現的問題，反之，最好是大家都不看好。描繪出理想中的未來後，不妨改變自己的行為，讓自己宛若生活在這個理想世界中。每個遠大的目標，都是從最初的一小步開始。

093

魔法提問

4月2日

你給自己打幾分？

先幫自己打個分數吧。就算你對最近的自己有些不滿意，也不要給低分，替自己打個漂亮的分數。想想自己學會了哪些事？哪些事做得比以前好？哪些方面有所長進？找出正面的評價，給自己一個超高分吧。

094

4月3日

負能量如何轉為正能量？

對你而言，什麼是負面情緒？生氣？悲傷？還是憤怒？試著將這些負面情緒，轉換為正面情緒吧。即使是負面情緒，只要調整好心態，就能將它轉變成正能量。

4月4日

你想把時間用在何處？

大家都很羨慕那些做事乾淨俐落的人，但其實速度不代表一切。試著多花點時間來處理事情吧。比起速度，踏實和穩健更重要。尤其目標越大，越需要多花點時間。最終你將明白，這才是距離成功最近的道路。

096

4月5日

如何讓自己活得更自在？

不管下了多大的決心，仍舊無法抵抗冥冥中的安排。因此，我們常會感到事情不盡如人意，甚至覺得被一股強大的力量吞噬。所謂的自在，除了重視根本的自我外，還有順勢而為的涵義。不要勉強自己，聽憑一切局勢的發展，甚至是冥冥中的安排吧。千萬別畫地自限，只要能自由自在地生活下去，將能順應潮流跟局勢。

4月6日

你想深入探究什麼事？

當我們受限於事物的表象時，往往無法依原計畫行動。這種時候，不能只是眼見為憑，必須試著探索更深層的面向。思考一下，這件事的成因有哪些？演變的經過為何？只有深入了解前因後果並重新審視，才能理解事情的本質。記得把焦點放在不受時代波動的本質上，而非短暫的局勢。

098

4月7日

你真正想做的事情是什麼？

人都不喜歡被指責。一旦被強迫，自然就會反彈。雖然如此，卻不代表我們不想做，只是很容易掉進這種叛逆的心理狀態。儘早找到自己真正想做的事。找出那件值得自己投注精力的事，並堅持到最後。但也別忘了，還是要適度地放鬆一下。

4月8日

如何讓別人理解你心中的遠景？

或許至今你早已描繪過無數次未來的遠景。但是，你該做的不只是描繪它，還要積極地將這個遠景，展現給身邊的人。這個遠景具有什麼樣的價值？什麼樣的魅力？我想大家都很期待聽你說故事。

100

4月9日

若不想放棄夢想，該怎麼做？

夢想不是單純讓你作夢用的，而是要去實踐。如果夢想太高難度，也許很難產生成就感。當我們回顧過去，發現自己不如預想的有所成長，只是原地踏步時，往往會讓人想放棄。就算遇到這種狀況，還是要保有絕不放棄夢想的信念。回顧過往的足跡後，你會發現，其實自己還在一步一腳印地持續向前邁進。

4月10日

如何發現日常中的樂趣？

人們向來憧憬不平凡的事，總想度過不平凡的時光，體驗無法在日常中經歷的事。這些不平凡會為單調的生活，帶來新的刺激。但其實真正重要的，是那些平凡無奇的日常。試著積極地從生活中，找尋喜悅與豐足吧。能夠從生活中感受到快樂的人，人生才會永遠富足美滿。

102

4月11日

你想吸引何種事物到身邊？

你有過心想事成的經驗嗎？好想見到某人，竟然真的見到面；好想要的某個東西突然就到手了。不妨在心裡描繪一下，想想你現在想要什麼？它不能是隨便想到的事物，必須鎖定你真心渴求的事物。我們用不著將不需要的東西吸引過來。

103

4月12日

你要如何維持團隊和諧？

團隊合作時，成員間難免會發生衝突和不愉快，因為每個人都有自己的想法。遇到這種狀況，你不妨站出來調停。花點時間相互溝通，好好了解事情的來龍去脈，進而促使有錯的一方出面道歉。這些動作可以讓團隊更和諧，讓彼此更加和睦。你該如何促進團隊氣氛呢？

104

4月13日

你看見什麼未來的徵兆？

突然感覺有某件事即將發生，沒想到竟然應驗了。我們無法百分之百預測未來，但或許我們可以掌握一些蛛絲馬跡。集中精神，好好感受一下與未來有關的一絲變化與徵兆。你也可以參考這些徵兆來行動。

4月14日

哪方面你比他人更努力？

有些人不喜歡讓別人看到自己努力的樣子，這類型的人不妨張開雙眼，好好看清楚自己努力的樣子。只有你知道自己有多努力。請為這樣的自己感到驕傲吧。

106

4月15日

你擁有什麼才能？

才能並不是一人一種，擁有多項才能的人大有人在。試著找找你擁有什麼才能。這些才能可能是你學習到的技術，或是過去的經驗，或是你想教授他人的知識。什麼是你無須努力就能上手的事呢？都有可能變成你的才能。了解自己多才多藝的一面，並好好運用這些才能吧。

107

4月16日

如何讓失敗成為通往成功的道路？

關於失敗，我們通常不太想告訴別人。不過，你應該有很多源自失敗的成功經歷。正是克服了過去的難關才有今日豐收的果實。表面上是失敗了，但這些都成為成功的基礎。無須懼怕失敗，大膽地接受挑戰，多多累積經驗吧。

108

4月17日

你想坦率說出什麼事情？

是否認為自己不擅長將想法和意見告訴身邊的人？不過，如果得不到朋友和夥伴的理解，就無法維持穩固的關係，也不會對夢想和目標有強烈的認同感。雖然坦率不代表一定能夠加深彼此的情誼，但開誠布公還是很重要。別管他人怎麼想，試著將你的想法和意見，告訴身邊的人。

4月18日

你看見哪些轉變的徵兆？

敏銳是一種才能，因為你能感受到比別人更多的事物。因此，你有能力在這個社會、年代，以及我們身處的世界，捕捉到一絲徵兆。善用你的才能，好好感受身邊那些萌芽中的徵兆吧。比別人早一步洞悉這些徵兆，絕對能成為你實現夢想的契機。

110

4月19日

你藏起哪方面的熱情？

你是否有再也提不起勁的無力感？雖然如此，你的內心深處仍舊擁有滿腔熱情。只是因為一時的疲憊將之封印起來罷了。將封住熱情的瓶塞打開吧。回想過去想做的事，應該會對你有所幫助。現在還不遲，趕緊行動吧。

4月20日

你會用喜好決定什麼事？

當好幾個需要做的事情擺在眼前，我們很容易會以「做這個比較好」、「應該這樣做才對」作為判斷標準。從今天開始，不妨以「喜不喜歡」為考量基準。如果不是真心喜歡，就算選了再有價值的事，也無法持之以恆地執行。只有真心喜歡，才能讓你樂在其中，學得比任何人都快。

112

4月21日

你想誠實面對自己的何種渴望？

看到什麼都想要，這樣的想法很奢侈嗎？其實並不然。更誠實地面對自己的情緒吧。想要的東西就設法得到；想學的知識就努力學習；想做的事就趕快去執行。總之，想要什麼就去追求。千萬別吝於付出，趕快行動。

113

4月22日

你想和他人分享什麼？

令人讚嘆的美景、好吃的美食，如果只有自己獨享，那麼喜悅也只有一人份。和別人共享，快樂會隨著人數加倍成長。找個人一起分享覺得不錯的東西吧。有了第一次美好的體驗後，不妨約朋友再體驗一次；獲得有用的知識後，不妨也教教大家。分享越多，生活越繽紛。

114

4月23日

誰的故事能讓你振作？

試著閱讀別人的成功故事吧。可以是你尊敬的人，也可以是知名人士。從他們成功的故事和經驗中，你能得到力量。不僅如此，故事中還有許多細節，能夠引導你邁向成功。不需通盤接收，只要模仿一、兩個地方就夠了，將改變你的行動模式。今天，你想閱讀誰的成功故事呢？

115

4月24日

你的生活態度是什麼？

什麼是你理想的生活模式？你的生命中什麼最重要？幾番思考後，你會有一個模糊的答案。遵照你的心，不悖離現實，真摯懇切地生活下去。讓身邊的人都看到你認真生活的模樣，將會出現對你感同身受或支持你的人。

116

4月25日

為什麼會發生這種事？

遇到問題時，你會覺得怎麼會發生這種事？還是認為自己不走運？不過，會發生的事就是會發生。不需要過度思考「為什麼偏偏在這個時候發生這樣的事？」只要好好接收這些訊息，日後善加運用即可。

4月26日

你從和別人的差異中學到什麼？

就算你翻遍整個地球，也不可能找得到完全一樣的人。話雖如此，我們卻常常忘記，總以為別人和自己一樣，然後對彼此的差異感到生氣、不耐煩。當然會有差異，而且這相當珍貴。思考一下，可以從和別人的差異中學到什麼？唯有學習，才能弭平差異。它能讓你擁有原本缺少的能力。

118

4月27日

你能看出事件帶來的意義嗎？

同樣的東西，在不同人眼裡，看到的景象完全不同。有些人只看表面，有些人則是洞悉一切。現在與你有關的事物，以及那些進行中的事，在你眼裡是什麼模樣？希望你能注意到事物的全貌，甚至是它的本質。這麼一來，自然會浮現只有你才能看到的東西。

119

4月28日

你想為自己投資什麼？

聽到投資，你會想到什麼？股票？不動產？還是加密貨幣？這些都不是你該投資的東西，你該投資的標的是自己。在自己身上投資知識、技術，還有經驗後，最終將以倍數回報你的投資。將這份回報分送給其他人，形成善的循環吧。

120

4月29日

如何分享愛給身邊的人？

我們都需要被滿足，若只有自己得到滿足，並不會讓身邊的人幸福。身邊的人不幸福，最終我們也無法獲得幸福。讓愛像香檳塔一樣溢出來吧。將溢出來的愛分送給家人，將分送給家人的愛，再分給朋友和夥伴。愛不會因為分送出去而減少，相反的，不斷分享才能擁有更多的愛。

121

4月30日

你能享受浪費時間的快樂嗎？

工作的時候，我們都講求效率，節省無謂的時間。私生活就不一樣了，講求效率，反而會讓生活變得無聊。不需要避免在私生活中浪費時間，反而應該要浪費，並且仔細地玩味這段時間。至於浪費的時間，只有放鬆心情，我們才能享受它。對你來說，浪費的時間是一段怎樣的時光呢？

5
月

MAY

122

5月1日

你如何制定事情的優先順序？

想挑戰的事接踵而來，這是好事。你當然能以同時進行這些挑戰為目標，但真正執行時你只能選擇其中一項來挑戰。那麼該以哪個為優先呢？你可以用自己的方法制定一套規則，以此作為決定優先順序的準則。若能按照這套準則做決定，那麼未來你將不再感到迷惘。

5月2日

你最想把時間花在哪件事情上？

別被眼前的事物牽著走，你應該將時間花在哪件事上？該做的事總是一件接一件，忙碌是很稀鬆平常的。正因如此，你更應該將手中的資源，全部投注在最應該花費的事情上面。

124

5月3日

如何在工作中加入有趣元素？

只是認真完成一件正經的事，不僅無趣也無法長久持續。試試在這項工作中加入遊戲的元素，讓工作變得好玩。絞盡腦汁加入創意後，即使是困難又嚴肅的工作，也能變得像玩遊戲般。不妨在工作中加點屬於你的創意巧思。仔細想想，該加入什麼樣的元素？該制定什麼樣的規則？

125

5月4日

如何做到豁達大度？

心胸狹窄容易讓人為了雞毛蒜皮的小事而憤怒，也容易使人煩躁。擁有一顆寬闊的心，你將不再受風吹草動的影響，也不會感到慌亂。試著拓展各種興趣，並和不同類型的人群接觸吧。心越開闊，處事將更圓融。心的廣度和未來的可能，是會按比例增加的。

126

5月5日

哪些價值觀是值得你重視的？

眾人說好的東西未必真的就是好。暫且將普世的價值觀擺一邊，選出你認為真正有價值的東西吧。不要理會別人怎麼說，判斷基準在自己身上。認清這點之後，動搖的情況將有所改善。拋開先例和成見，相信自己的價值觀。

5月6日

如何讓身心平衡？

內在感受和外在行動之間會產生差異。有時候腦中已經規劃好未來，但行動卻跟不上；也有時候是身體已經準備好，但我們的心卻還沒做好準備。只有身心合而為一，才能感到安穩。注意心理與身體的平衡吧。

128

5月7日

如何找出最強搭檔？

一個人再怎麼努力也有極限，試著和他人一起合作吧。可以和與你互補的人聯手，也可以跟能激發自己才能的人合作。不管跟誰合作，都要維持對等關係，並做好工作分配。若能注意到這兩點，你們將成為最強搭檔。多多和那些能夠開發自己潛能的人合作吧。

129

5月8日

如何拋開舊眼光，用全新視角看世界？

全新的心能夠包容萬物，並帶領我們成長。然而，就算是顆全新的心，也將隨著年齡的增長開始變得帶有成見。有時候這是一種魅力，但也可能會妨礙我們的潛能。讓自己重新啟動。將舊習和常識拋開的過程中，你將會看見新的自己

130

5月9日

如何讓正能量形成正向循環？

去追求能讓自己感到開心和充實的事。你一定能感受到從心中湧出的正面能量。將這些積存的能量分送給身邊的人，讓它得以循環不斷。讓你開心的事定能帶給他人歡喜。當這份喜悅回到自己身上，它將成為一個更大的能量。

5月10日

你從前人身上學到什麼？

過去的偉人為了後代子孫，將自己的所學和發現，都記錄在書籍上流傳於世。好好學習這些智慧，並將它們運用在自己身上。希望你能從過去中學習，雖說努力都能有所收穫，但這些知識是不用努力就能獲得的。

132

5月11日

如何拓展自己的安全領域？

有沒有一個地方能讓你一回來就感到安心；能讓你放空身心感到輕鬆的地方？如果有這麼一個屬於你的安全區域，那就能在裡面進行各種挑戰。這樣的空間可以不止一個，慢慢增加自己的安全領域吧。

5月12日

你想成為哪方面的專家？

你是哪方面的專家呢？回顧過往的人生，答案自然會浮現。試著捫心自問，到目前為止，你花最多時間在哪件事情上？在哪方面花的錢最多？找到答案後，每天花十分鐘或二十分鐘都行，只要你能持續在這個領域中鑽研，短時間內你便能成為專家。你還有無限的可能。

134

5月13日

你想實現什麼理想？

有些人認為「理想不需要被實踐」，卻也有人相信「未實踐的理想沒有任何意義」。不管是夢想還是理想，因為被實現才有意義。朝著目標前進吧。日常的累積將幫助我們達成目標，進而達成在社會上的成就。將腦海中描繪的理想，透過行動去實現。

135

5月14日

你想如何為他人付出？

施比受更有福。雖然我們都想以自己為優先，但請經常問自己：「這是為了誰而做？」、「該怎麼做才能讓身邊的人幸福？」反覆問自己的同時，也請不斷為他人付出，這些付出將以數倍的福報回到自己身上。

136

5月15日

你想發表什麼樣的作品？

你所創造出來的皆可稱為作品。雖說是作品，但並非是藝術品。而是一件凝聚你的個性與生活方式，名為結晶的作品。以作品創作的角度看待自己的想法和行動，能為你的工作和生活帶來改變。

5月16日

怎麼做才能散發魅力？

每個人都有自己的魅力，仔細鑽研就能大放異彩；反之，若疏於打理，將黯淡無光。透過活用經驗和素質，可以增添鋒芒；或是與人交流時顯得閃耀動人。不妨將經過磨練後的魅力，用來造福人群。

138

5月17日

你要接受什麼樣的創新？

科技不斷進步，許多過去辦不到的事，如今都能實現。然而，革新並非只發生在科技。不論是心靈或情感上，每天都會有足以稱為革新的新想法誕生。試著放下身段，接受由年輕世代所帶來的新思維。

139

5月18日

你想撰寫怎樣的成功故事？

試著在腦海描繪自己的成功故事吧。不論計畫、別管構思，只要先將腦中成功的影像寫成故事。至於主角，當然是你；舞台，就是你所處的環境。暫時不考慮當前的狀況和現下的變數，只要隨心所欲地創作，你甚至可以大膽地加入戲劇性的情節。撰寫完畢，再來就是去實踐它。

140

5月19日

如何讓興趣和工作合一？

為了在社會上生存，即使不喜歡的事也得去做。不過，未來將是個可以只為興趣而活的時代。面對喜歡的事，無須他人鞭策，我們也能馬上行動。獲得的成果，也將比其他人更豐碩。因興趣而成功的人越多，社會一定也會比現在更美好。

5月20日

哪方面你想更謹慎？

過分謹慎反而容易誤事。但其實這樣的小心謹慎也是好的。只看到事情好的一面就貿然行事並無法有收穫。仔細考量所有風險，無須立即行動，耐心等待最佳時機——這樣謹慎的做法，有時反而能引領你走向成功。

142

5月21日

如何驅動你的好奇心？

讓好奇心主宰你的行動。事情做到一半，突然對另一件事感興趣時，不妨放下手邊的任務，專心投入在新興趣上。即便可能會半途而廢也無妨。你的好奇心為你帶來的強大能量，才是你該珍惜的事。正因為你對各種事物持續保有好奇心，才能想出新的創意。想要有成就，保有好奇心非常重要。

5月22日

怎麼做才能產出靈感？

在什麼時間和地點才會產生靈感呢？散步的時候？還是洗澡放鬆的時候？仔細回想這些時刻，你就會發現它們的共通點。盡量長時間待在最容易讓你產生靈感的地方和環境吧。不論是絕妙的創意，或是棘手的問題，只要靈光一現，一切都能順利解決。

144

5月23日

什麼禮節是必須嚴守的？

再親密的朋友也要以禮相待。不管是能一起聊私事的朋友，或是在彼此面前能呈現真實自我的同伴，都別忘了保持尊敬跟禮貌。每一個禮節，都有它的行為涵義。了解這些意義後，按照當下的情況，適當展現自己的禮儀，此舉有助於增進旁人對你的信賴。

如何讓練習成為事情順利進展的助力？

模擬就是一種意象訓練。假設某件事情需要三十分鐘來完成，那麼請你花三十分鐘來模擬。過程中腦海裡浮現的所有問題，都有可能會在現實中發生。因為已經預演過了，所以你能夠冷靜地面對。千萬別走捷徑，將每個問題都當作現實狀況，一件一件認真處理。

146

5月25日

如何調整面對困境時的心態？

人生總會遇到幾個難關，沒有人能夠風平浪靜地過完一生。倘若遇到困難就意志消沉，我們將無法前進。遇到阻礙時，不妨轉個念，別將它視為阻礙，勇往直前。你可以將難關視為學習的機會，也可以當作人生的良機。困難不論大小，遲早會遇到。調整好心態，讓自己準備好隨時面對困境。

147

5月26日

你的理想工作是什麼？

你夢想中的工作是什麼呢？是能讓你充分發揮能力的工作？還是不需要吃苦的工作？累積多年的努力，你能做的工作一定很多。不妨時常更新你的工作清單。

148

5月27日

你可以為他人做些什麼？

富足會因與人分享而變成喜悅。把它鎖在心裡，無法讓自己獲得快樂。將自己得到的滿足，分送出去吧。分送之前，你需要先思考自己能為他人做些什麼？一想到要為某個人做件事，就會突然湧現動力。獲得後再持續地給予，就能讓富足無限循環。

5月28日

如何珍惜懂你的人？

好好善待懂你的人，這個人總是圍繞在你身邊，往往很難察覺他的存在。總是要在對方離開後，才會驚覺原來他是如此特別，可惜為時已晚。向那些懂你的人表達敬意和感謝吧。很多時候，越是親近，我們越是對他一無所知。再多付出一些關愛，並為對方做一些會令他感到開心的事。

150

5月29日

如何讓自己更專注與投入？

一旦為其他事分心，就無法順利進行手頭上的工作。這時，請將周圍的雜音全部關閉。打造一個只有自己的世界。想一想，該如何一頭栽進這個世界？創造一個環境，讓自己不被周遭發生的事影響。越是投入和專注，越能在屬於自己的道路上衝刺。

5月30日

如何把人生設計成一款好遊戲？

將人生當作是一場遊戲吧。玩遊戲是很令人開心沒錯，不過設計遊戲更讓人雀躍。看著身為主角的自己漸漸成長、結交朋友、學會變身、得到意想不到的寶物。光在腦中描繪這些過程，就讓人躍躍欲試。雖然過程中不會只有好事，也會有壞事發生，但這也是遊戲的有趣之處。試著設計一款專屬於自己的傑出遊戲吧。

152

5月31日

接下來你想學習什麼？

學習新鮮事物讓人開心，盡情學習新的知識吧。你可以深入研究某個主題，也可以多方涉獵，只做粗淺的學習。如此交替反覆學習，將能滿足在知識上的好奇心，幫助你持續成長。

6
月

JUNE

153

6月1日

你想追求什麼別出心裁的目標呢？

記住你是個特別的存在。你並非和大家站在同一個舞台上，請想像自己站在一個完全不同的舞台。因此，用不著豎起耳朵聽大家所謂「正確言論」，也不用去遵從那些都已了然於心的常識。朝著自己的理想，心無旁騖地前進吧。對你來說，什麼是與眾不同卻是你想追求的目標呢？

6月2日

你想發揮什麼才能？

有些人在投入某項工作前，會先從這麼做的目的與意義兩方面去思考。其實，不論單純只因自己想做而做，或是因為自己有能力才做都無妨。試著找出自己與生俱來的才能吧。再次體認這是別人所沒有的優秀資質。具備多項才能的你，只要好好運用這份天賦即可。

155

6月3日

如何做到互相理解？

當你真心想和對方來往時，不會滿足於蜻蜓點水般的關係。你追求的會是一段能夠真正了解彼此的關係。因此，你必須更了解自己的內心，當然一定會想知道對方在想什麼。好好觀察，細細體會對方話語背後的涵義。當雙方都能傾訴彼此的想法時，自然就能建立真正相互理解的關係。

6月4日

想說什麼只有你才懂的事？

有許多人想聽你說話。那麼，你要說什麼呢？其實他們想聽的，並不是那些大家都知道的事，而是只有你才能說出口的事。想一想，什麼事是只有你才能說？不是那些自己過去習得的知識，而是從至今的人生得到的感悟，用自己的話語表達出來。

157

6月5日

你想用何種話語影響眾人？

語言充滿許多能量，既能影響一個人，也能改變一個人。試著將這股力量發揮到極致吧。你要做的不是單獨對一個人說，而是要說給大家聽。你想和大家傳達什麼訊息呢？聽你說話，將令他們心醉不已。

6月6日

什麼話能鼓勵你？

有些話說出口，便會感覺充滿活力、幹勁十足、令人心安。你心裡有這樣的詞句嗎？像是「沒關係」、「你很努力」、「你一定辦得到」、「一切都會好轉」、「事情很順利」等。準備一些會讓自己正向思考的話語吧。你也可試著將它們說出口。如此一來，這些話將成為支持你的力量。

159

6月7日

你想舉辦什麼樣的派對？

規劃一場派對吧。一群人聚在一起開心地聊天，身邊圍繞著知心的朋友。每個人當然都很開心，不過最高興的莫過於你。這樣的快樂派對，才是理想中的派對。

6月8日

如何讓自己在工作上有所成長？

被交付工作時，相較於「主管交代」，回答「想讓公司更好」的人更加上進；同樣的，相較於「想讓公司更好」，回答「想讓社會更好」的人更優秀，也更容易獲得支持。你對現在的工作抱持什麼觀點，將影響你的成長幅度，也將改變你所處的環境。用更寬廣的視野，重新看待你的工作吧。

161

6月9日

你會如何讚美自己？

我們會因為他人的讚美而高興。然而，若是過於在乎他人的評價，小小的讚美將難以讓自己開心。不論再努力，也難以獲得成就感。有時候，不妨試著找出自己的優點，並大大地讚揚一番，這會是個天大的讚美。今天請再次確認自己有多優秀吧。你會用什麼樣的話來讚美自己呢？

6月10日

你想主動爭取什麼？

主動爭取自己想做的事吧。你擁有比別人更多的精力。因此，別再猶豫了。讓你的智慧和體力，跟著行動力一起運轉吧。行動會帶你看到不同的風景，唯有行動才能獲得成功的果實。不過，還是要留心身體發出的休息警訊，該休息的時候就要好好休息。休息過後，再繼續行動。

163

6月11日

你要如何補充心靈的養分？

想要維持健康的身體，就必須適時補充營養。不過，不是只有身體才需要養分。要想維持強健的心，也必須為其灌注養分。所謂的營養，可以是閱讀、電影及繪畫鑑賞、和知心朋友聊天等等。若你的心早已乾涸，那麼花上整整一天幫它好好補充養分吧。

164

6月12日

如何讓創造力超越現有想像？

所謂的想像，僅限於你能想到的範圍內。跨出這個框架，別被過去的經驗和常理所限制，描繪一個超越想像的創作吧。當你描繪出的事物，其規模比原先設想的還要大時，不妨重新思考未來的模樣？不僅超越自己，更要超越他人的想像，這樣的作品無疑將會是獨具一格的創作。

165

6月13日

什麼是你不求回報也想做的事？

送禮的時候，雖然不奢望對方能回禮，但心裡還是不由自主會有所期待吧？所以一旦沒有收到回禮，我們就會產生芥蒂和疙瘩。但是，真正的禮物應該是不求回報，只是一種將心意傳達給對方的媒介。試著單純想像對方開心的模樣去送禮吧。

6月14日

如何從失敗中修正原先的計畫？

試著用從失敗中學到的教訓，來修正偏離的軌道吧。有些人認為自己從沒失敗過，但他們只是忘了自己其實累積了許多小疏失。希望你能細細回想這些失誤，並檢討目前的做法是否正確。事情之所以不順利，往往代表方向錯誤。若能透過這樣的檢討，慢慢修正，將能避免造成更大的失誤。

167

6月15日

如何克服逆境？

在你眼前突然矗立一道障礙，你心想：「好不容易走到這一步了」，在放棄之前，不妨靠自己找出跨越困境的方法吧。你可以改變自己的視野，也可採取和以往不同的行動。不要和這逆境正面抗衡，先接受它的存在，再找出跨越的方法。你不妨先試試，將這道牆的存在視為一件好事。

168

6月16日

當機會來臨時，你做好準備了嗎？

機會不會突然從天而降，它只會眷顧勤於準備的人。好好調整自己的狀態，當機會來敲門時，你就能善加運用。想一想，什麼樣的機會才能幫助你實現夢想？該怎麼做才能把握機會？盡你所能，現在就開始準備吧。等你準備好了，機會自然就會找上門。

169

6月17日

如何面對未來的轉機？

到目前為止，你應該遇過幾次能為人生帶來重大變化的轉機吧？想必每遇到一次，都讓你有所成長，也為你帶來突破性的發展。在這個過程中，也幫助你樹立了個人的特質吧？好好思考，下次的轉機會是什麼？它將改變你的環境？身分？位置？還是思考模式？轉機過後，你又將描繪出什麼樣的人生願景呢？

如何讓身邊的人開心？

善加利用你洞察人心的能力，好好推敲該如何讓對方開心吧。你有能力帶給別人歡笑。與此同時，自己也能從中得到快樂。該如何取悅對方，會依自己當下的想法以及身邊的人而有不同。思考這件事，應該也會讓你興奮不已。

171

6月19日

該如何回應周遭的期待？

並非埋頭苦幹就能滿足周圍的人對你的期待。你必須洞察他們的要求，並做出回應。想知道大家對你的期待，就必須深入傾聽四周的聲音。這些聲音不會只用語言表達出來，必須去分析那些放在心裡沒說出口的話。若能做到這一點，不管在任何時候、任何地點，你都會是大家不可或缺的夥伴。

172

6月20日

如何不委屈自己也能善待他人？

我們都想愛惜自己，想以自己的節奏自在生活；我們也想珍惜身邊的人，希望能尊重他們的步調生活。兩者都很重要，但卻是完全相反的生活方式。不過，我們可以在兩者間，找一個最佳的平衡點。不需要過於失去自我，也不要被身邊的人牽著鼻子走。找一個平衡點，好好生活吧。

173

6月21日

要如何和大家合作？

假設要和大家一起創作，什麼樣的作品比較合適？我想創作一件無法獨力完成的作品，最好能讓大家樂在其中，又能與彼此有關的創作。找出每個人各自的任務，自然就能朝著相同目標邁進。只要同心協力，任何事都能實現。

6月22日

如何保持率真的心？

順遂的人，都有顆率真的心，但想一直保有率真並不容易。直率能幫助我們平衡人與人之間的關係，也能促進自我成長。丟掉你的自尊和羞恥，讓自己盡可能保持率真吧。直率地表達出你對對方的看法，或許他會因此生氣或受傷，但最後還是會因為這份率真理解你的。

175

6月23日

如何徹底了解自己？

離自己越近的東西越難發現。最親近你的人其實就是自己。不過，自己卻又是最難了解的人。豎起耳朵仔細傾聽內心的聲音，好好感受自己的心情吧。最簡單的辦法，是多給自己獨處的時間。

6月24日

你想和重要的人說什麼？

我們很難和重要的人達到無須言語，就能心意相通的境界。明明一起共度了許多時光，但卻意外地對對方一知半解。想更了解那個最常和你在一起的人，試著多和他聊天吧。請注意，並不只是單純的對話，而是能讓彼此更了解的深入談話。

177

6月25日

你真實的感受是什麼？

每個人都想將自己的感受和想法說出來，但過程中卻常常出現多餘的轉換，使得說出口的話完全變調。因此，別將感受轉換成思緒或語言，靜靜地接受它就好。也別將過去的經驗和知識，加進自己的感受中。好好珍惜感動的當下，不要透過思考和語言，直接將感受付諸行動吧。

6月26日

你想支持誰？

我們之所以能夠持續向前，是因為有旁人的支持。如果是你，面對重要的人，又將如何支持他呢？你的愛是支持他的力量，讓他能夠充分發揮實力。在背後支持的你並不搶眼，但沒有你，他也無法發光發熱。以這層意義來看，或許你才是真正的主角。讓自己成為這樣的支持者吧。

179

6月27日

怎麼做才能讓自己幸福？

只要活得幸福，就算達成人生目標了。不，這根本就是達成了終極目標。實現某個理想固然重要，但倘若這個理想必定會招來不幸，那麼便失去它原本的意義。我們都是為了幸福而生，不妨以自己的幸福為優先。只有當你過得幸福，身邊的人才會一起變得幸福。

6月28日

你能放下過於嚴苛的標準嗎？

我們很難將事情做到盡善盡美，這幾乎是不可能的任務，畢竟這個世界有太多無能為力。但若一直把標準設定在完美，往往會開始苛責自己。原諒不完美的自己吧。不只是自己，也不要過度要求身邊的人。不論發生什麼事，只有獲得你的諒解，身邊的人才能安心接受挑戰。因此，請先試著原諒自己。

181

6月29日

誰是最懂你的人？

得知心願無法實現時，悲傷的情緒便會席捲而來。之後，我們將面臨龐大的挫敗感。有些人能在逆境中求生存，但過於龐大的挫折，不免還是會帶來難以振作的傷害。停止過度的要求吧。只要有一個人，能從你做的事情中得到喜悅，這樣就夠了。好好珍惜那個總是懂你的人吧。他的存在，可以將你從挫折中拯救出來。

182

6月30日

身邊的人對你的要求是什麼？

一直追求平淡的生活未免太暴殄天物，你的才能遠大於此。不僅如此，身邊的人也非常認可你的才能。試著將才能運用在大家所追求的事情上吧。不要拘泥方法和形式，若能配合時代的趨勢和對方的期許，你的才能將更加出眾。

7

月

JULY

魔法提問
183

你會質疑什麼事？

7月1日

不要每天庸庸碌碌地過日子，你必須對生活充滿疑問。面對生活中突然讓你質疑的事，別只是輕輕放下，不妨問問自己為什麼？或許當下無法得出結論，但只要反覆詢問，總有一天能找到解答。好好將這些解答運用在今後的人生吧。

魔法提問

184

7月2日

你想提升哪方面的品味？

品味不是與生俱來，而是要靠後天的磨練。舉例來說，你原本沒有繪畫方面的相關知識，但持續賞析偉大的畫作後，自然就知道哪一幅畫出色。這就是後天磨練的過程，但單憑體驗無法提升審美觀。想磨練自己的品味，不妨持續記錄相關體驗。你想提升哪方面的品味呢？

魔法提問

185

如何向他人示弱？

或許你不想向他人示弱，也不想向他人吐露真心。其實稍微向別人傾吐，反而能讓你更輕鬆，也能加深他人對你的了解。不過，對那些一直堅持不該展現自身軟弱和心聲的人來說，這樣的建議反而會讓他們困擾吧？這樣的你，不妨將自己的軟弱和心聲寫在紙上，並試著將紙交給那些會懂你的人。

魔法提問

186

7月4日

你想體驗什麼想做卻不敢做的事？

當期許自己要純潔正直時，往往會試著屏除邪念，拋開一己之慾。但是，越想徹底消除這些邪念和私慾，卻讓我們變得更加狹隘、不知變通。有時候，不妨誠實面對自己的慾望。當慾望達到最高峰，再試著改成壓抑這些慾望。如此交替體驗兩種全然不同的狀態後，就會知道自己該何去何從。

魔法提問
187

你受到哪些眷顧？

7月5日

你的人生總是受到眷顧。不論是人、環境、機運，無不眷顧著你，只是你可能尚未發現。試著將受到眷顧的事，一項一項條列出來，並分別對它們表達感謝。只有先了解自己受到哪些眷顧，你才有能力幫助別人。

魔法提問

188

7月6日

你接下來想做什麼？

令人厭煩的事不見得都是壞事，試著不斷接受新的挑戰吧。比起深入研究單一領域，從各領域中得來的經驗將能成為你的魅力之處。好好珍惜當下的心情，跟隨自己的心行動吧。今日已做過的事，明天不做也無妨。

魔法提問
189

你想實現什麼夢想？

7月7日

向星星許願吧。你應該有許多光彩奪目的夢想。能夠實現這些夢想的人，只有你自己。你可以支持他人的夢想，也可以為自己的夢想而努力。不論如何，好好執行每件自己力所能及之事，努力到最後一刻吧。只有永不放棄之人方能實現夢想。

魔法提問

190

該將哪些喜歡的事物網羅到身邊呢？

7月8日

只要是人都有好惡，無須強迫自己去喜歡討厭的事物。試著將你喜歡，並且感到舒服的東西網羅到身邊吧。生活中最令人興奮的事，莫過於身邊圍繞著自己喜愛的事物。這時，能讓人更誠實地面對自我，使人更加耀眼。

魔法提問
191

要如何幫助他人？

7月9日

你能透澈地看穿身邊的事物。善用這項長才，全心為他人付出，不斷傾注你的愛意吧。和善解人意的你一起，能讓大家充滿活力。你付出得越多，周遭的人對你的愛和信賴就越深厚。你的內心也將獲得滿足。

魔法提問

192

7月10日

如何溫柔包容身邊的人？

溫柔安穩地過日子吧。你所散發的溫柔，會讓身邊的人感到幸福。受到你的感化，其他人也會將部分幸福，再分送給別人。如此，幸福將持續擴散。那些因生活忙碌而感到煩躁的人，以及那些總是怒氣沖沖的人，其實他們也希望能有溫和又安穩的一天。用你的幸福氛圍溫柔地包容他們吧。

魔法提問

193

如何發揮領導力？

7月11日

領導者最重要的任務是什麼？只是努力留住成員，並不算領導；光靠自己一個人努力，也無法讓團隊順暢運作。必須仔細聆聽成員的聲音，掌握團隊的優勢。不要以鼓舞的方式，來激發成員的動力，而是試著打造出能自然使人產生動力的環境。活用內心的溫柔，一定能發揮出自己獨特的領導能力。

魔法提問
194

7月12日

如何讓理想成為現實？

你的理想與現實之間，是否存在著差距？如果有，應該是理想太崇高了。其實不見得非得讓理想去迎合現實，可以試著讓現實走近你的理想。這個突破或許能改變停滯不前的狀況，讓你開始朝著理想勇往直前。就算花點時間，也無須著急，一步一步向前邁進吧。

魔法提問
195

如何同時磨練理性與感性？

理性與感性缺一不可。感性是一種欣賞美和良善的能力，它能透過接觸美的事物，並從善待他人的行為中培養；理性則代表思考和判斷的能力，需要從閱讀、與理性的人交談才能習得。讓理性與感性同時運作，在彼此的相互作用下，它們將越發動人。

魔法提問

196

你能勇敢接受挑戰嗎？

7月14日

試想，你想和夥伴一同挑戰什麼事物？可以試著和大家一起挑戰想做的事。過程中，有時無風無雨，有時驚濤駭浪。也許你還得拚盡全力，來解決堆積如山的問題。無所畏懼地接受挑戰，你們將累積更多面對難關的耐心和經驗。隨著接受的挑戰越多，你的團隊也將更加茁壯。

魔法提問

197

這個行動背後的意義是什麼？

7月15日

每個行動的背後都有涵義，也一定有這麼做的原因。當你準備和別人一起行動時，請同時告訴對方這麼做的目的。當然，也可反問對方為什麼要採取這樣的行動？不管哪種方式，都可幫助釐清過去無法理解的行為，其背後隱藏的原因，也能加深對彼此的了解。越了解對方，越能維持和諧的關係。

魔法提問

198

7月16日

是誰在守護你？

努力去發現，在一旁守護你的存在吧。可能是你親近的人，也可能如守護神般不見蹤跡。重要的是你確實知道他的存在。如此一來，你便能安心，盡全力投入眼前的工作。發自內心，向守護你的存在表達感謝吧。

魔法提問

199

即使不安也想做的事？

7月17日

只做力所能及之事，無法讓人成長。試著積極挑戰看似做不到的事吧。或許你將因此感到不安，但若就此放棄，你便無法成長。不安的情緒大家都有，即使心裡惴惴不安，也要朝著目標，心無旁騖地向前衝。不安，是成長所需的必要元素。

魔法提問
200

7月18日

哪些提問會讓你不知所措？

當被問及從未思考過的問題時，任誰都會感到不知所措，因為不曾用那樣的觀點來思考。試著多問會讓自己惶恐的問題吧。在絞盡腦汁，反覆思考，試圖回答問題的過程中，將培養出克服慌張的能力。盡情地煩惱慌張過後，我們會大幅成長。盡情地讓自己慌張看看吧。

魔法提問
201

你能享受繞遠路的樂趣嗎？

7月19日

大部分的人都想走捷徑，但也有認為這樣很無聊的人。沒錯，能帶給我們深刻體驗的，都是那些九彎十八拐的道路。好好享受繞路的滋味吧。只有走上岔路，才能遇見難得一見的人，才能發現新奇的事物。「人生沒有捷徑」，這句話說得一點也沒錯。

魔法提問
202

7月20日

多問自己想怎麼做？

透過提問尋找真正的答案時，別忘了再多問一句：「自己想怎麼做？」若是不這麼做，我們往往會選擇沒有阻礙的選項，或是妥協後的方式。對自己也好，對他人也好，盡可能再多問一句「自己想怎麼做？」無須理會周遭的意見，也不用管過往的經驗。

魔法提問

203

你會說什麼來鼓勵別人？

7月21日

若眼前出現一個鬱鬱寡歡的人，你會說什麼話來鼓勵他呢？在你說話之前，請先好好觀察這個人。若不這麼做，你說出來的話，將無法打動對方。好好正視對方，對於他內心的想法感同身受，再說出他真正需要的話。對不同人來說，能讓人開心的話也不盡相同。你覺得站在面前的這個人，會因為什麼話語而感到開心呢？

什麼領域能讓你大展身手？

明明已經很努力，卻難以獲得好成績。表示這個地方，無法讓你一展長才。不妨重新審視自己所處的環境，想一想，是否還有更能讓你嶄露頭角的地方？不要只是埋頭苦幹，必須將自己放在能夠發揮才能和特質的地方。想想自己是否應該改變環境？最好待在什麼樣的人身邊？找出那個能讓你盡情揮灑的地方吧。

魔法提問
205

該保持熱情往哪條路邁進？

7月23日

帶著你的熱情，大步邁向自己該前進的道路吧。即使被人嫌棄太過熱情也沒關係，被人嘲笑也無妨。我們難免會遇到困難，也可能因質疑他人的意見而自問：「這樣可行嗎？」這種時候，你最需要的就是同伴的力量。多結交一些與你志同道合的朋友，專心致志地向前進吧。

魔法提問

206

7月24日

你是否想過其他的做法？

若是事情進展得很順利，我們就會沿用同樣的方法；若是情況貌似不順遂時，我們就會去找其他的做法。這個道理再自然不過，但很多人還是會執著於自己的做法。即便事情進展並不順利，仍繼續採用相同的做法。試著在一路順遂的時候問問自己：「還有哪些不同的做法？」只要經常捫心自問，你一定能夠達成目標。

魔法提問
207

你要打破哪些既定印象？

7月25日

「這才是理所當然的」、「一般都是這樣啊」這些想法全都是先入之見。或許過去是正確的，但並不適用於今後的時代。打破這些常識吧。該如何打破這些觀念的不是別人，正是需要由你自己去尋找方法。在此之前，請先好好正視自己心中有哪些先入之見吧。

你認同自己的哪個部分？

受到稱讚時，被誇獎的部分就會進步，這是因為讚美激發了向上的動力。想想自己想要如何被別人稱讚？不妨試著列出「這樣讚美我會開心」的清單。將這份清單拿給親朋好友，請他們讚美你。你也可以反過來，請他們列清單給你，並用清單上的詞句讚美他們。讓這張清單成為你們成長的養分吧。

魔法提問
209

如何向他人坦露自己的缺點？

7月27日

太關注時尚趨勢，會讓人只想展現完美的一面。但沒有人十全十美，我們可能有很多缺點。把「最原本的自己」展現在大家面前吧！以這樣最純粹的態度認真投入某項工作，不完美的模樣或許不帥氣，但無疑是美好的。這樣的姿態，讓人心動不已。

魔法提問

210

7月28日

你能化悲憤為力量嗎？

日常生活中，我們總有生氣的時刻。即便如此，也別和惹你生氣的人起衝突。將這股憤怒的能量，轉換成幫助自己成長的力量吧。當對方讓我們失望時，此時可以反省自己為何對他抱有期望？雖說是憤怒的力量，但以能量來說，它還是十分強大。必須善加利用才行。

魔法提問
211

什麼東西是你想緊握在手中的？

7月29日

偶然才能得到的東西，往往不會記得太久。只有一直緊握在手中的東西，才會一直留在心底。最少抓住一個能留在你心裡的東西吧。那些付出的心力，幾經奮戰的成果，還有好不容易才尋獲的東西，都將在危急的時刻拉我們一把。用你的行動、你的雙眼，仔細找找吧。

魔法提問
212

7月30日

身上的哪些特質讓你感到自負？

你可以沒有自信，也可以感到極度不安，但千萬不能失去自尊和驕傲。想一想，什麼是讓你感到驕傲的特質？為人正直、不找藉口等等。應該能想到很多吧？不管是哪一項特質，你之所以能夠專心致志地投入眼前的工作，與你的驕傲息息相關。也因此，想要專注於手頭上的工作，不妨先搞清楚自己特有的驕傲是什麼。

魔法提問
213

你想要怎樣的生活方式？

7月31日

你期望的生活方式是什麼？和誰？在哪裡？過著什麼樣的生活？每天固定要做的事有哪些？當你在講述自己時，不要提工作、公司和頭銜，試著說說你的生活方式吧。這將如實表現出你是個怎樣的人。

8月

AUGUST

魔法提問

214

你要創作什麼樣的故事？

8月1日

如果要你創作一篇故事，要撰寫什麼故事？多半的人都會寫開心、幸福的故事。不過這樣的故事如果拖太長，讀起來反而會讓人覺得無趣。可以試著構思一些波瀾萬丈的情節，例如：主角在半路遇到什麼樣的考驗？歷經多少波折？最後又是如何從谷底翻身？尤其整篇故事轉折，也就是主角如何從谷底翻身這一段，將是展現你實力的地方。

魔法提問

215

8月2日

你想因為什麼事受到矚目？

讓自己備受關注吧，讓別人都能輕易察覺你的存在。聽到這裡，往往有很多人會去做一些標新立異的事，但其實引人矚目的方法有很多，你可以「比別人多做一倍工作」、「一有想法就立刻行動」、「不斷向別人推薦好的事物」。反正都要引人矚目，不妨從樂趣中讓自己閃閃發光。

如何捨棄對自己無益的自尊？

你是帶著自尊做事的人，但其中也有對你無益的自尊。不只無益處，反而會成為你的阻礙。清點一下自己的自尊吧。把自己覺得無法妥協的部分寫下來，當中如果有會拖累你的項目，別猶豫，直接捨棄它。

魔法提問

217

8月4日

你要如何發揮創造力？

盡情在生活中揮灑你的創造力吧。你可以去欣賞極富創造力的人他們的作品及著作。有機會的話，還可以去聽聽他們真實的想法，並反映在你的創造力上。如果有想要的東西，不妨試著自己動手做。不管是工作或人生，請不斷發揮你的創造力。

魔法提問
218

你想表達什麼想法？

8月5日

你想用什麼樣的方式，來表達自己的想法？透過文章、繪畫、肢體，還是歌聲？從這些方法中，找出適合自己的表達方式吧。表達的時候，請試著用與眾不同又極富原創性的方式展現。如果不知道如何表達，你也可以好好生活。因為你的生存之道，也是一種表現方式。

魔法提問
219

8月6日

如何奢華一下？

華麗地生活吧。你可以穿上華美的時尚，也可以出入高級飯店等豪華場所。接觸這些奢華的事物和場所，會幫助你提升自我，增加光彩。你的美麗與迷人光芒，將為身邊的人帶來能量，並使他們充滿活力。

魔法提問

220

什麼動機會驅使你採取行動？

8月7日

驅使你採取行動的原因是什麼？每個行動的背後，一定都有動機。想想自己為什麼現在想做這件事，了解這個動機後，就不會在採取行動時犯錯。因為若是動機有誤，你根本不會採取行動。這麼看來，動機真的很重要。不妨將動機視作驅動自己的原動力，現在就好好找出動機吧。

魔法提問

221

8月8日

你要設定什麼比現在更遠大的志向？

有了目標，才能激勵自己行動。雖說如此，但若這個目標輕而易舉就能達成，那麼將無助於改變過往的行為模式。為了改變自己的行為模式，試著設立比現在更遠大的目標吧。如此將大大改變你的行動。可以視情況，將目標設定為現在的十倍。若你認為目標可以無限大，你的行動也將有所改變。

魔法提問
222

你想發揮何種潛力？

8月9日

你是有能力的，甚至可以說你保留過多的能力。若是捨不得發揮這些能力，那將會非常可惜。試著毫無保留地發揮你擁有的能力吧。先了解自己具備什麼樣的能力，再將這些潛藏於深處的才能，好好運用在各種局面。

魔法提問
223

8月10日

你想做什麼破天荒的事？

試著嘗試至今無人達成的事吧。你應該有想用足以開墾無人之境的氣魄，挑戰並征服的事吧。不要忍耐，無須偽裝，朝著自己真正想做的事邁進，並突破自我的框架。屆時，請好好欣賞這片未被挖掘的景色。

魔法提問

224

若擁有不死之身，你想做什麼？

若是我有不死之身，我想藉由不停工作，來獲得至高無上的成就。或是挑戰二十四小時馬拉松、不帶裝備直接潛入海底。我們腦中不斷出現各種想像，對吧？不知不覺間，心情變好了，精神也恢復了。這就是這個問題的意義所在，讓我們在疲累時，能夠馬上恢復精力的「能量提問」。

魔法提問
225

8月12日

你想擔任哪種領導職務？

或許你不是以當領導者為目標的類型，但因為周遭的支持，導致你在無意間成了領導者。這樣的你一旦受到倚賴，便不會棄之不理。因此，大家都很仰慕你、依賴你，並且會圍繞在你身邊。你一定可以建立一個優秀的團隊。如果是你，想接受什麼樣的領導職務呢？

魔法提問
226

你想為誰而努力？

8月13日

「只要自己付出努力就好」，若你這麼想，很快就會感到挫敗。為了你的家人或愛人也好，尊敬的人也罷，試著為某個人努力吧。你的努力能為對方帶來笑容，這個人也將為你而喜悅。為別人付出的努力，才是真正的力量。

魔法提問
227

8月14日

什麼事是只有你辦得到？

如果你做隨便都能被取代的事，未免太大材小用。請找出只有你才辦得到的事情。找到之後，不要只是執行，帶著你的熱情，全心投入吧。如此一來，身邊的人將為你感到高興，而這些笑容，將會帶給你更大的力量。

魔法提問
228

想要公平待人，該注意哪些事？

8月15日

我們常會以這個人對我有沒有幫助、優不優秀，來評斷一個人。請捨棄這樣的觀點，並以公平的態度待人。嘗試過後你會發現其實不太容易，但這麼做將有助於你的人際關係。不管是工作或生活，最基本的就是要維持良好的人際關係。

魔法提問
229

8月16日

怎麼做才能跨越逆境？

當你覺得無望時，其實正是重新開始的時機。你具有在逆境中堅持，並從谷底翻身的能力。即使身處嚴峻的狀態，你也不會暴露自己的弱點，你擁有獨自突破困境的能力。然而，越是這種時刻，更該仰賴周遭的幫助。如果是你，大家都很樂意給予最大的幫助。

魔法提問

230

如何熱衷於分內之事？

8月17日

一想到有非做不可的工作，心情就會變得沉重。如果是想做的事，我們往往都能馬上投入，俐落地執行；但要是換成分內工作時，卻又提不起勁，就算好不容易動工，也遲遲難有進展。這種時候，不妨為工作加點樂趣。別忘了要隨時保持輕鬆和愉快的心情。

魔法提問

231

8月18日

如何日行一善？

為這個社會盡一份心力吧。不論是撿起腳邊的垃圾丟掉，或是幫忙把嬰兒車搬進電車等，哪怕只是一點小事都好。實際執行後你會發現，心情不但變好了，眼前的風景也和過去大不相同。為日常生活加上服務社會的觀點，也很不錯喔。

魔法提問

232

你想像誰一樣厲害？

8月19日

在腦海裡幻想一下：「要是像那個人一樣聰明，我一定能更厲害。」想成為智者，你必須先成為某個領域的專家。若能在自己設定的目標道路上持續衝刺，那麼成為心中的智者，將不再只是空想。

8月20日

你想發生什麼巧合？

想和某人聯絡，對方馬上就打電話來。突然想起某個人，沒想到居然在路上不期而遇。這些事我們稱為幸運的巧合。發生在你身邊的事情，都是註定要發生的。因此，如果你想發生這些巧合，不需用力祈禱讓它發生，試著留意心裡的某個角落。還有開心地生活吧。

魔法提問
234

你想散播什麼快樂的事？

8月21日

你的身邊潛藏著許多快樂的事。將它們找出來，一一傳送出去吧。你可以直接告訴好朋友，也可以透過社群網路告訴很多人。那些陷入困境或煩悶不已的人，在看到你的訊息後，就能放鬆心情重獲歡笑。試著以這樣的方式，讓幸福持續循環吧。

魔法提問

235

8月22日

如何發掘別人的潛能？

每個人的身上都藏著無限可能。然而，自己卻很難察覺這些潛能。運用你的觀察力和直覺，幫身邊的人找出他們的潛能吧。了解自己的潛力後，你能做的事也會增加。和充滿潛能的人一起共事，是一件令人開心的事。

魔法提問
236

哪些正確的事是可以被捨棄的？

8月23日

正確的生活態度很棒，但有時候，它反而會成為阻礙。時代不停在變，大家現在認為正確的事，下一秒可能就不正確了。你認為可以捨棄的正確，是什麼呢？或許你需要勇氣，才能拋開過去自己珍視的價值，但放下它，你的生活方式將有所改變，未來的路也會更為光明。

魔法提問
237

8月24日

怎麼做才能增加盟友？

一個人能做的事有限，盟友越多越好。該怎麼做才能增加盟友呢？他們會因為遠大的遠景而聚集到你身邊，也會因為分工明確而聚在一起。不過最重要的是，若能讓團隊成員發揮所長，讓大家樂在其中，將會吸引許多想加入的人。怎麼做，才能讓你的成員更加耀眼呢？

魔法提問

238

該如何紓解壓力？

8月25日

壓力往往在不知不覺間堆疊。如果是很小的壓力，通常只需要一天就能消除。但若是長期累積的壓力，可就沒這麼簡單了。你需要花點時間，讓自己放鬆。讓身心好好休息，什麼都不做，靜靜發呆就好。當身心清出一塊空白後，你的壓力也將逐漸消失。

魔法提問
239

8月26日

你有藝術天分嗎？

所謂的藝術，是指所有表現出個人想法的作品。假設你要進行藝術創作，你會選擇哪個領域呢？你可以畫一幅畫、寫一首歌，甚至做出一件陶藝品。不管選擇如何，在創作的世界裡，沒有規則也沒有章程，只要將感受及想法，真切地表達出來就好。或許參與活動，能為你帶來新的體會。

魔法提問
240

如何找出藏在無聊事中的樂趣？

想善用自己的才華，你必須樂在其中。面對有趣的事，你只需要好好享受；面對無趣的事，就得找出潛藏其中的樂趣。即使身處昏暗，你帶來的小樂趣也能為你照亮四周。不管到哪裡，你都是大家憧憬的人物。

魔法提問

241

8月28日

你希望和哪些人組成團隊？

一個專案是否能順利進展，關鍵在於合作對象。並不是有知識有才華，就能勝任。必須考量彼此重視的觀念是否相同？目標是否一致？相關人員是否能相互尊重？一邊確認這些要素，一邊召集你的夥伴吧。你就好比製作人，要決定一部電影的演員陣容。

魔法提問 242

如何讓周圍的人笑？

8月29日

人生只有一次，快樂的生活吧。同時，別只顧自己開心，也要為身邊的人帶來歡樂。想一想，該用什麼方法？該營造什麼環境？又能為大家帶來哪些愉快的體驗？身邊人的笑容，將成為你的喜悅。

魔法提問

243

8月30日

你在哪方面很脆弱？

我們都不想讓別人看到自己的脆弱，因此習慣將它藏起來，只展現出堅強的一面。但如果長期如此，我們將變得不堪一擊。誠實認清自己的弱點吧。唯有如此，才能使我們真正變得強大。無法立即克服也沒關係，你該做的是從認清自己開始。

你會為了什麼事挑戰極限？

你應該感受過很多次極限？每次突破極限，你就會變得更強大。勇敢地挑戰自己的極限吧。抱著興奮的心情，面對你的極限。每一次的突破，都將為你帶來力量。跨越極限後，別忘了充分休息。

9

月

SEPTEMBER

魔法提問
245

如何從小地方培養毅力？

9月1日

減肥老是失敗，寫日記也總是三分鐘熱度。之所以會這樣，多半是因為一下子要求自己要瘦十公斤，或規定自己必須每天認真寫日記的關係。先從一些雖然微小，但能持續達成的事開始吧。例如：一次只瘦一百公克，每天只寫一行日記。雖然只有一點點，但只要持續下去，就能成功。比起量的多寡，每天持續才是更重要的。

魔法提問

246

9月2日

哪些問題是你想解決的？

即使在生活中遇到問題，我們往往也會置之不理。雖然不釐清對生活也沒有影響，但心裡總會感到不舒服。覺得某件事很奇怪時，不妨馬上查明原因。在網路上查資料，雖然無法得知詳情，但還是能幫助我們大致了解整個概況。養成查資料的習慣，不再放任疑惑和奇怪之事，事情將漸漸變得明朗。

魔法提問
247

想珍惜什麼樣的人？

你想珍惜身邊的人，有這樣的想法天經地義。不過，別只是關心身邊的人，對於那些和自己不相關的人，也請一併珍惜吧。身邊只有親近的人，不會讓我們有大幅成長。那些和自己不相關的人以及過去無緣的人，才能帶來前所未有的新視野。積極與這些人建立關係，好好珍惜與對方的來往吧。

魔法提問

248

9月4日

哪裡才是你的根源？

仔細想想自己從哪裡來？在哪裡出生？父母又是哪裡出生的？好好思考這些問題，並試著調查一下。過程中，你可能會想感謝父母將你帶到這個世界，也可能會發現自己擅長的事。

魔法提問

249

有了金錢與人脈，你想做什麼？

當我們投入於某件工作時，會需要金錢與人脈。不管是哪一種，當然是多多益善。假如你很幸運兩種都有，你想做什麼呢？如果只是肆意揮霍是沒有意義的。若能用來幫助別人，便能讓這些金錢與人脈，在社會上進一步流動。

魔法提問
250

9月6日

你希望什麼事能按照計畫進行？

沒有計畫，事情就沒有進展。任何事都是如此。只要能腳踏實地，按部就班地照計畫執行，一定可以實現。請你試著為自己設立目標，制定一套執行的計畫吧。想想看哪些計畫執行起來比較容易？該在哪些地方做足準備，才能按照計畫執行？假想各種情況，制定一套計畫吧。

你想建立怎樣的人際關係？

我們的煩惱多半來自於人際關係。換句話說，如果能維持良好的人際關係，就能為我們消除許多煩惱。什麼是你理想中的人際關係？單靠一個人，難以成事。不管做什麼，一定都會與人有關。人與人之間的關係，是成就萬事的必要元素。

魔法提問

252

9月8日

你發現了什麼啟示呢？

我們時常透過請教他人或閱讀的方式，來學習新知。但人生需要知曉的事，往往是以啟示（message）的方式呈現。別錯過這些啟示，好好地接收下來吧。可能是發生了預定之外的事？或是好幾次不經意瞥到的數字？也可能是不斷聽到的某個關鍵字。這些全都是要給你的訊息。

魔法提問
253

如何多交些知心好友？

9月9日

你有幾個朋友呢？其中又有幾位是彼此知心的朋友？你們一起吃飯睡覺、相互傾吐難以啟齒的煩惱、一起進行某事、一起流下悔恨的淚水。你和這樣的朋友之間，有著斬不斷的深厚連結。多去認識像這樣能夠彼此真心相待的朋友吧。

魔法提問
254

9月10日

你希望獲得什麼援助？

身邊的人都想協助你，但他們卻不知從何幫起。你總是逞強地說：「我沒事。」當身邊的人向你伸出援手時，不妨坦率地接受吧。並且明確地告訴他們：「我需要幫助。」如此一來，自然會有人來幫你。希望你別忘記，你的身邊其實還有很多同伴。

魔法提問
255

如何跟隨你的直覺？

你應該有過這種經驗吧？憑直覺做事反而更順利。按照常理處理事情，當然也很好，不過直覺也是一種才能。迷惘的時候，不妨以直覺來決定吧。拋卻腦中的邪念和雜念後，腦海中閃現的想法，將會是你的正確解答。

魔法提問

256

9月12日

你理想的生活方式為何？

想實現理想的生活，卻又不知從何做起。這種時候不妨找找，有哪些人正過著他們理想中的生活？這些人每天如何生活？他們珍惜什麼？平時都和什麼人來往？別管自己能不能做到，只要參考並模仿就好。如此，你將離實現理想更近一步。

魔法提問
257

你能轉念讓負面訊息變得正向積極嗎？

9月13日

負面的事若從另一個角度看，可能就會變得正向積極。試著將發生在周遭和自己身上的負面消息，轉換成正面消息。馬虎等於豁達；沒耐性等於思緒敏捷；不會看臉色等於不隨波逐流。持續進行這樣的轉換，原本因負面消息而沉悶的心情，最後也能變得開朗。

魔法提問

258

9月14日

什麼是真正重要的價值？

魯莽行事容易讓人忘記自己原本重視的價值。創業時希望為全體員工帶來幸福的公司，卻在不知不覺間以營利為導向，改以創造更大的營收為考量。真正重要的價值，藏在初衷裡。搞清楚自己真正重視的價值後，你才能持續保有這份想法。

魔法提問
259

如何培養包容力？

9月15日

身邊圍繞著願意用溫柔包容我們的人，讓我們不畏懼挑戰困難。就算最後失敗了，這些人還是會成為我們的避風港，給我們再次挑戰的勇氣。當身邊的人遭遇困難時，不妨也讓自己成為對方的避風港吧。你可以鼓勵他脆弱的心，聆聽他傾訴煩惱，並給予他安全感。你的體貼和包容，一定會成為他們不可或缺的東西。

魔法提問

260

9月16日

你想聆聽誰的話語？

好好聽別人說話。是聽，不是打聽。也不是有聽就好，而是要全神貫注地聆聽，並讓對方感覺到你是他最堅實的後盾。每個人都一樣，難得能遇到仔細聽自己說話的人。你，就是這樣珍貴的人。當那個最專心聆聽的人吧。

你能把潔癖運用得更好嗎？

潔癖其實很美好，它能完美地呈現事物完整無瑕的狀態。多多將潔癖應用在你的言行舉止、服裝儀容上吧。不過要小心，如果把潔癖強加在別人身上，那麼你只會變成一個嚴格的人。為了避免成為這種人，注意自己的潔癖要用在對的方面。

魔法提問

262

9月18日

你想吃什麼樣的苦？

應該很少人自願吃苦，不過有些經驗，只有吃苦才能獲得。那些大家討厭的事、沒人要做的工作，都能為我們帶來成長，重點在於要了解吃苦的本質。選擇那些克服過後能讓我們十足成長的苦吧。還有，沒人規定要以痛苦的心情去克服困苦，樂觀地跨越它吧。

魔法提問

263

你想和夥伴們一起完成什麼事？

9月19日

好好珍惜你的夥伴，和他們一起生活吧。我們都希望結交遇到困難能夠互相幫助，不順遂時也能相互扶持的夥伴。試著和他們一起討論彼此的目標和想做的事。正因為有這群夥伴，你的理想才有機會實現。讓大家發揮所長，各司其職，共同朝著目標向前邁進吧。

魔法提問

264

9月20日

如何搜集有用的資訊？

知道與不知道之間，會產生很大的差距，因此資訊當然越多越好。網路上動手就能查到的資料，其實沒有太大的價值，畢竟大家都能找到。反而是那些透過信賴的人得到的消息，以及自己四處奔走搜集而來的情報，才更具價值。努力搜集資料，並好好思考該如何運用這些資訊吧。

魔法提問
265

何時是你的身心淨空時段？

9月21日

定期騰出一段時間，不做任何事，不思考任何煩惱。我們每天都為工作、私生活和生存忙碌。這件事非做不可、那件事千萬不能忘，腦中塞滿各式各樣的事情，連帶身體也僵化了。一定要空出時間，徹底淨空自己的心靈和腦袋。

魔法提問
266

9月22日

怎樣的自己是他人願意親近的？

想讓大家親近自己，不妨先想想自己的模樣。有多少人覺得你很親切？有多少人支持你？支持你的人，永遠都會為你加油。若身邊有這樣的一群人，那麼你的一生都將過得無憂無慮。請仔細想想，你希望自己是什麼模樣？

魔法提問
267

通往成功有哪些不同途徑呢？

9月23日

不要只侷限於一條路，多找找其他途徑。通往成功的路，絕對不只有一條。就好比有個人小時候很喜歡打棒球，希望長大能成為職業選手。雖然最後沒有成功，卻以其他方式從事棒球相關的工作。像這個例子，儘管選的路和別人不同，但最後還是能實現願望。如果你有想做的事，通往目標的道路也將有無限可能。每一條都是正確的。

魔法提問

268

9月24日

如何順應時代潮流？

順應潮流前進吧。每個年代都有它的趨勢。把過去的流行搬到現代，是行不通的。因此，必須提早洞悉未來的流行趨勢，早一步掌握大眾的需求，並順著這波浪潮行動。你不需要刻意逆勢而為，順應時代的趨勢才是上策。

如何建立夥伴間的向心力？

增進與夥伴間的相互了解，並建立一個彼此認可的關係。不管你的隊友多優秀，只要整個團隊像盤散沙，就無法發揮實力。你需要的是向心力。不過，如果整個團隊沒有明確的目標，也很難凝聚向心力。倘若你們能成功培養出向心力，即使大家的能力並非頂尖，還是能有所成就。

魔法提問
270

9月26日

怎麼做才能變得正直？

不管是對自己或對別人，都要保持誠實。說謊會讓過去建立起的良好關係，在一瞬間崩塌。正因如此，希望你能保持誠實。或許你會因為必須讓人看到自己真實的一面而感到害怕，但當你坦率又誠實地與身邊的人來往後，將會得到一段真誠的關係。這樣的關係，正是你的財產。

魔法提問

271

想和支持你的人，共同完成什麼？

9月27日

比以往更加珍惜你的支持者吧。不是夥伴，不是客戶，而是支持者。他們也可以算是你的後援會，在你需要時支持你，在你需要時幫你加油打氣，是真心想幫助你的一群人。正因為有他們，你才能完成一個人辦不到的事。你想和支持你的人，一起完成什麼呢？

魔法提問
272

9月28日

如何號召他人到你身邊？

號召身邊的人吧。只要具備號召人群的能力，就算自己毫無才能，你也將無往不利。提醒自己要樂在其中，替人著想，並持續號召身邊的人。還要下定決心，努力讓與你有關的人全都得到幸福。圍繞在你身邊的人，大家都很樂於和你交流。

你有一直想修復的遺憾嗎？

動手修復你想彌補的事物吧。這世上沒有太遲這回事。就算現在才開始，也足夠讓你修復它。不管是工作的專案、人際關係的修復，或是一直沒有實現的夢想，只要你有心重來，任何事都不嫌晚。人生沒有不能重來的事。

魔法提問
274

9月30日

你想將玩心發揮在什麼事上？

持續保有你的玩心吧。身邊的人會因為你認真的表情，而被你吸引。試著在艱難和複雜的事情中，添加一點樂趣。想想小時候，自己做了哪些事讓大家開心？不妨設計一些這樣的小趣味。既然都要做，快樂地執行，好過毫無熱情地完成。

10月

OCTOBER

275

10月1日

你想和哪些人建立關係？

仔細留意你想和什麼樣的人來往，身邊圍繞著什麼樣的人，你將漸漸變成那樣的人。如果身邊都是溫柔的人，那麼你也會變得溫柔；身邊如果都是不斷進步的人，你也將不斷成長。身邊人的想法，漸漸也會成為你的想法。因此，和什麼樣的人來往相當重要。多和別人來往吧。

276

10月2日

該用什麼話語傳達自己的想法？

將自己的想法，用語言傳達給別人。閱讀時即便文法雜亂無章，但還是深受感動。你應該有像這樣被言語感動的經驗吧？能夠打動人心的，並非只有正確的言論。重點是話語間所包含的想法與能量，並流露於字裡行間。這非關擅長與否，最重要的是你的想法。

277

10月3日

你想將行動力用在什麼事情上？

對任何事都要有行動力。人生還是多點行動力會更好。有人約就去看看，有人推薦就去嘗試。「我必須守在這裡」、「我必須堅守過去的成果」這樣的想法太過沉重。在現今這個瞬息萬變的時代，擁有靈活的處世之道，才能應付各種狀況。試著讓自己跟上時代的腳步吧。

278

10月4日

你想分享什麼創意？

有想法固然很棒，但想法本身並不會產生價值。唯有將想法付諸實現才能轉變成價值。若能將想法分享出去，和夥伴們一起擬定計畫實現，就能大幅提高實現想法的可能性。和大家共同實現由自己發想的創意吧。一起分享成果，其個中樂趣遠大於靠自己構思、實現和獨自享受成果。

279

10月5日

待人處事如何更圓融？

努力讓自己的待人處事更加圓滑吧。相較於和自己迥異的人，我們比較容易和相似的人親近；比起鮮少交談的人，我們比較容易和聊得來的人成為朋友。最重要的是必須關心對方，互相認可，這樣才能加深彼此間的情誼。這一點，就是讓人際關係更圓融的捷徑。

280

10月6日

即使毫無勝算也想做的事？

試著挑戰一些沒有勝算、可能會遭到反對、即便如此還是想嘗試的事吧。那些有把握能贏，或保證會順利的，都不是你真正想做的事。希望你看重的是想不想做，而不是能否順利進行。

281

10月7日

你想信任具備什麼特質的人？

請盡量寫下他人值得你信賴的特質。例如：不說謊、守信用、真心為他人著想、關懷他人、仔細聽自己說話、精疲力竭時能關心自己。努力讓自己具備這些值得信賴的特質吧。只要你持續保持這些特質，你將成為更能被他人信賴的存在。

282

10月8日

如何讓自己更耀眼？

你可以再耀眼一點。想讓自己更加耀眼，不妨先從力所能及的事開始。如同鑽石的原石必須經過琢磨一般，在你身上還藏著許多需要磨練才會發光的特質。你並非不具備這些特質，只是尚未發現罷了。想找出這些特質，請先冷靜地檢視自己，多讀點書，同時更積極地與人建立關係吧。

283

10月9日

你有哪些堅持？

你的堅持，是屬於你的生活方式，希望你能將它發揮得淋漓盡致。即使是別人眼中微不足道的事，只要你很在意，不妨試著做到讓自己滿意。就算只是枝微末節的事，經過長時間的堅持，終將成為獨具魅力的世界觀。這樣的世界觀，有時真的能夠改變世界。

284

10月10日

你想做什麼與眾不同的事？

你不需要和別人一樣。或許過去你總認為：「和別人做同樣的事準沒錯。」為了避免在團體中發生問題，這麼做也許恰當，但失去了自己的想法，你的存在感也將逐漸變弱。你可以異於常人，也不用害怕與眾不同。正因為不同，你才能有屬於自己的生活方式。

285

10月11日

什麼是你堅定的信念？

相信自己，貫徹始終。相信自己之前，必須先有信念。所謂的信念，是一種發自內心的信仰。有了信念，就會有更多人願意跟隨你、更信任你。若你還沒有信念，不妨先從小處著手。試著開始決定一些小事，透過反覆決定這些小事，將能培養出自己的想法。這個想法會在不久之後，發展成你的信念。

286

10月12日

如何建立深厚的關係？

別再拓展人脈了。和多數人打好關係，確實在各方面都能獲得好處。不過，除了擴展人脈，更重要的是加深這些緣分。和值得信賴的人建立深厚的關係後，不只對方，連他身邊的人都會開始支持你。與其只是擁有無數個一面之緣，不如用心和眼前的人建立深厚的關係。

287

10月13日

你有想安慰的人嗎？

如果遇到因工作而疲憊、為煩惱所困、遭遇挫折等這樣的人，不妨向他們伸出援手。可以陪他們說話，也可以為他們打造一個放鬆的環境，甚至不需要特別做什麼，只要靜靜陪伴，也能帶給對方力量。隨著你安慰的人變多，你的心也將獲得極大的滿足。需要你安慰的人，就在你身邊。

288

10月14日

何種流行元素是你想運用的？

將當紅的流行元素，加入自己正進行的事吧。你應該很清楚，現在的輿論在談論什麼、大家關心的議題是什麼、接下來會流行什麼、將這些觀點帶入活動裡的各個細節後，自然就會看到未來該走的路。接著，你從事的活動將會更加廣為人知。

289

10月15日

如何讓心靜下來？

從無所事事開始吧。假設將我們活動、與外界接觸的這段時間，稱為「陽」，那麼靜下來、自省的這段時間，就是「陰」。放任不管的話，生活將被陽時填滿。如此一來，我們很難保有自我。為了維持自己原本的樣貌，請停下腳步，切斷外界資訊，空出時間，讓心好好地靜下來。

290

10月16日

如何善用時間？

每個人擁有的時間都一樣多。但同樣一小時，有人可以產出相當於三小時的價值，有些人卻只能產出十五分鐘的價值。想要有效利用時間，關鍵在於是否能善用空閒時間。將空閒時該做的事寫下來吧。之後當你有空時，只要從清單上選一件事來做就好。如此一來，你浪費的時間就會越來越少。

291

10月17日

如何讓自己處於能自由發揮的環境？

找一個能讓你自由發揮的地方吧。你能否發揮原本的實力，完全取決於所處的環境。把在熱帶地區才能結果的果實，帶到寒帶地區培育，最後只會枯死。人也是一樣。你的才能要在什麼樣的環境，才能開花結果呢？

魔法提問

292

10月18日

讓日常生活充滿新鮮感的方法？

在日常生活中加入一些新元素吧。例如：換看和平時不同的晨間節目，或將平常使用的餐具全部換掉。像這樣，稍微加入一點和平時不同的巧思，就能有全新的感受。這樣的感受，將為你帶來新的想法。

293

10月19日

如何活得更像自己？

重視自己的性格生活吧。尊重自己的想法，活出自我。不用為了誇大自我刻意偽裝，這些小把戲一眼就會被看穿。況且，偽裝到頭來只會讓自己精疲力竭。畢竟軟弱也是我們個性中的一部分。

294

10月20日

你想用更宏觀的角度改變什麼？

在自己國家天經地義的事，在其他國家卻是離經叛道。這種情況其實不少。我們所認知的常識，是大家都這麼做才變成常識。以更宏觀的視角來看自己正在做的事時，你會發現其實一點都不理所當然。試著改變觀點，用外界也能接受的視角看待事物吧。

295

10月21日

想為支持自己的人做什麼？

仔細想想，你能為支持你的人做些什麼？他們會為你加油、支持你，並且介紹人脈給你。如果只是單純地接受，這段關係將不會長久。你可以向他們表達感謝，也可以回報他們。先讓關係回到原點，這股能量才能循環下去。

296

10月22日

誰能補足你的缺陷？

將自己不擅長的事，交給擅長的人去做吧。無須要求自己要做到盡善盡美。每個人都有擅長和不擅長的領域，面對不擅長的事，沒必要勉強自己做得上手。把注意力放在那些該做，自己又很擅長的事吧。

297

10月23日

你要專注在什麼事情上？

專注在某件事情上吧。不因周圍的紛擾而分心，堅持追求一件事的態度最是迷人。或許在旁人眼中，你看起來很笨拙，但你絕對能成為這個領域最專精的專家。不管對事或對人，持續讓自己保持專注吧。

298

10月24日

你想努力做好什麼不起眼的小事？

認真做好不起眼的小事，立志當個無名英雄吧。受人矚目又光鮮亮麗的工作，再不情願也會傾力而為，自然也會付出努力；然而，平凡無奇的工作卻很難好好投入心力。但是，你有努力不懈好好完成這種任務的能力。讓別人當主角，自己好好扮演襯托的綠葉吧。

299

10月25日

什麼事是你想和夥伴磨合調整的？

不妨將你現在獨自改進調整的事，讓夥伴加入一起磨合吧。雖然是雙方共同決定要磨合什麼事，但既然要磨合，不妨討論該如何協調兩人相處時的生活方式？空間上又該如何規劃？能夠互補對方的不足，並一起成長的方式最是理想。若其中一方逕自成長，雙方將無法保持步伐一致。不論何時，都要保持好好共度生活的方式。

300

10月26日

你想改變哪方面的想法？

從今天起，試著改變「覺得自己是對的，對方都是錯的」的想法吧。因為抱著這樣的想法，將不會成長。試著改變看事情的角度、自己的思維和行動。透過這些改變，你將慢慢成就新的自己。

301

10月27日

你想要何種驚險刺激的體驗？

安排時間，讓自己度過一個冒險刺激的時光吧。雖然緊張和興奮總伴隨而來，可以的話，還是希望你能主動安排這樣的時光。為了讓自己體驗這些情緒，你必須思考該設計什麼樣的機關？該制定哪些計畫？就像要嚇別人一樣，試著讓自己嚇一大跳。與其過得平淡無奇，不如過個精彩刺激的一天。

302

10月28日

想將忍耐力用在什麼事上？

發揮你與生俱來的耐力吧。試著在快要投降的時候，再堅持一下。越是這種時刻，越能展現真正的耐心。或許有時候，會因為意氣用事而難以堅持。不過，請冷靜下來，綜觀全局。縱有不如意的事，經過再三挑戰，還是有機會成功的。因為你有一顆不易消沉的心。

303

10月29日

你的冷靜中保有什麼樣的熱情？

善加運用你的冷靜與熱情吧。不管發生什麼事，你都能冷靜處理。臨危不亂的態度讓大家都很信賴你。不過，你並不是冷漠的人。在冷漠的外表下，其實藏著一顆熱情的心。這股炙熱的情緒，想必在你的心底不停翻騰。不妨試著從心底展現你的熱情。

304

10月30日

如何百分之百發揮能力？

充分發揮你所有的能力吧。不需要為明天保留精力。你的目標，可不是隨隨便便就能達成，必須使盡全力，幾經波折才能達成。別保留今天的能量，盡全力使出自己所有的能量吧。

305

10月31日

如何真誠地與人來往？

試著拿出比過去更真誠的心來待人吧。點頭之交的人際關係，並不適合你。更加突顯自己認真、熱情又真誠的一面吧。唯有信賴對方，你才能真心地與人來往。這樣的態度，正是你的魅力所在。

11
月

NOVEMBER

306

11月1日

什麼事想讓你沉浸其中？

準備一個環境讓自己能夠全心投入在想做的事情上吧。不管流言蜚語，你想貫徹始終執行什麼事？你有能力從頭到尾做好一件事。意志也很重要，再來就是環境。環境準備好了，自然就能達成目標。

307

11月2日

你想向誰看齊？

試著找出真實人物中最符合你理想榜樣的人吧。心裡有這樣的榜樣，有助於達成自己設下的目標。這個人是在工作上想模仿的對象；那個人是生活上想仿效的對象。你可以在每個領域都找一個榜樣，當然全都同一位也無妨。確立好榜樣後，試著模仿他們吧。揣摩這個人會怎麼思考？又會如何行動？

308

11月3日

行動前，你會做什麼計畫？

採取行動前，先制定好作戰計畫吧。制定一套經過反覆推演的戰略，為實現計畫做好準備。此外，為了避免計畫不如預期，請一併想好預備方案。面對這個瞬息萬變的世界，最好的方法或許就是制定好下一步計畫。制定計畫時，請別深鎖眉頭，只有讓人躍躍欲試的計畫才能順利執行。

309

11月4日

你想和什麼人深交？

試著列出你今後希望長期來往的對象需具備的條件吧。如果能和大多數人深入來往當然很令人開心，但實際上很難實現。真正能夠彼此深交的人，其實並不多。你想和哪一種類型的人深入來往呢？試著一併想想，這個人最重視的是什麼？能夠彼此深交的對象，是重質不重量。

310

11月5日

你的團隊目標是什麼？

好好制定團隊目標吧。目標越明確，你之於團員的號召力就越強大。此外，你還必須按照不同的目的，來調整團隊的成員。確定目標後，和合適的人一起達成目標吧。

311

11月6日

如何讓身邊的人放鬆？

不是為了自己，而是試著為身邊的人製造讓人放鬆的時間。忙碌時我們往往連喘口氣的時間都沒有。不一定要長時間放鬆，片刻的休息足矣。認知到這點，試著去執行吧。

312

11月7日

你心裡藏著什麼樣的想法？

試著將你藏在心中的想法告訴別人吧。你現在在想什麼？是什麼想法讓你有所行動？沒有將這些想法表現出來，它們就會持續在你心裡打轉。其實，大家都很想知道你心裡在想什麼。這個想法一定很熱情且貼近真實的你。你不需要逢人就說，但適時地展現出來也不賴。

313

11月8日

如何享受難關帶來的一切？

當然最好都不要遇到困難。不過人生很長，難免會碰上一回。若將困難視為不幸，直接與它衝撞，只會產生強烈的反效果。克服困難最好的方法，就是樂在其中。思考該如何克服它，以及克服困難後自己將如何成長，好好享受這個過程吧。就像在玩遊戲一樣。

314

11月9日

什麼樣的破壞能帶來創新？

果斷放棄過往做事方式帶來的成果，重新來過吧。你一直都是用同一種方式做事，或許頗有成效，繼續這麼做也沒問題。但是這麼一來，你將無法成長，也無從創新。況且，用不同的方式從頭開始，即使做一樣的事，還是會收穫不同成果。現在的你需要的正是這股破壞力與創造力。

315

11月10日

休假時想做什麼？

忙碌的時候，請個假好好休息吧。休假是為了忘卻工作與煩惱，讓大腦和心靈充分休息的日子。休息過後精神飽滿時，不妨做些因為沒時間而忍著沒做的事。半途而廢也無妨，最重要的是不讓自己受委屈。

316

11月11日

什麼事讓你堅持信念？

貫徹自己的信念吧。信念就像你的核心，不管發生什麼事，都不會讓你動搖。雖然日常生活中不乏讓人容易作罷，或遭到反對就想放棄的事，但不管有多艱難，你還是會堅持到底。這樣的覺悟和認真的態度，會讓大家深受感動，並想為你加油。

317

11月12日

你敢大膽地行動嗎？

大膽地行動吧。你過去的行動，總是受限於世俗認知。不過，若你今後仍舊如此，勢必將被人群淹沒，無從倖存。大膽地邁步前進，才能開創屬於自己的未來。

318

11月13日

如何運用心中的熱情幫助他人？

將沉睡在心中如岩漿般的能量，拿出來幫助別人吧。不管是把能量用在自己身上，或是用來幫助他人，都是你的自由。既然都要使用這股能量，幫助他人會更加開心。你是能從助人之中獲得喜悅的人。

319

11月14日

你想執行什麼樣的任務？

執行你被賦予的任務吧。你之所以出生在這個世上，必定有你的使命。只是那個使命會是什麼呢？你必須完成它，才能成就你的人生。況且，大家也非常希望你能達成使命。用你不屈不撓的鬥志，打破困難的高牆，完成任務吧。

320

11月15日

你懷抱何種崇高的理想？

懷抱更遠大的目標吧。好比初次登山，沒人會以攀登聖母峰為目標一樣，你之所以能有崇高的理想，全是由於過去為了實現理想，累積了許多努力。每一次的理想升級，代表突破前一個關卡。相信自己，讓理想不斷向上升級吧。

321

11月16日

如何喜歡自己不擅長的事？

努力讓自己稍微喜歡不擅長的事吧。仔細分析不擅長的事情後，你一定會發現，當中也有自己喜歡，和能克服的部分。同樣的道理也可以套用在人身上。若能稍稍克服不擅長的事，或許你也能獲得不少收穫。每個人都樂於被喜歡的事物包圍，為了讓人生更快樂，不妨開始喜歡不擅長的事吧。

你想分享什麼想法？

將自己的想法分享出去吧。告訴別人後，你會感覺身心舒暢，思路清晰。獨自在書桌前埋頭苦思，只會讓你在同一個迴圈裡不停打轉。這種時候，別讓想法獨留心中，試著和身邊的人分享吧。透過相互分享，將轉變你的思考模式，想法也會有所不同。如此一來，一個人想不到的創意，自然就會浮現。

323

11月18日

你有描繪夢想的力量嗎？

試著描繪一個前所未有的夢想吧。你有無比的想像力，用這股力量描繪你的夢想吧。可以找找和自己想實現的夢想相似的照片，或者拼貼出你的夢想也行。更可以想像當自己達成夢想時周遭將有什麼變化，試著將想像中的情景寫下來吧。擁有夢想、有能力作夢，都是十分美好的事。努力實現吧。

324

11月19日

你該放下什麼樣的關係？

每個人能夠結交的朋友數量有限。當朋友的數量超過你的容納極限，請好好整理多餘的關係。那些想法和你漸行漸遠的人、自然而然疏遠的人、價值觀相佐的人，是時候放下與他們之間的情誼了。雖然有點可惜，但請瀟灑地放手。放下後，才有機會遇到新的緣分。

325

11月20日

你想送別人什麼禮物？

不停地送禮物給身邊的人吧，你是個慷慨的施予者。禮物不見得非得是有形的實體。可以是在能力範圍內的援助、人脈的引薦或資訊的提供，甚至是一些小提醒，這些都會是非常棒的禮物。向身邊的人發送禮物吧。

326

11月21日

你想和哪些人一起歷練什麼事？

別再獨自努力了。相較於一個人朝著目標向前衝，不如和身邊的人相互切磋求進步。有了競爭對手，你才更能發揮實力。你們可以互相學習、彼此鼓勵，偶爾互相競爭。你現在想和誰一起努力呢？

327

11月22日

如何號召更多的人？

號召更多的人吧。兩個比一個好，一百個比十個好，參與的人數越多越好。若能結合眾人的力量，能做到的事就會越來越多。而且，你非常具有號召群眾的人格魅力，只是還沒察覺罷了。現在，正是你展現這股魅力的時刻。

328

11月23日

你能為社會做出哪些貢獻？

你能為社會做出哪些貢獻呢？偷偷躲起來完成什麼，並不會有人因此受惠。不公開你做過的努力，大家也無從得知。唯有將它公開並奉獻出來，才有機會發揮它的功用。仔細聆聽周圍的聲音，了解大家喜歡什麼？想要什麼？因什麼而感動？什麼對大家有益？聽完後，不妨給予他們想要的幫助。

329

11月24日

如何和身邊的人一起成長？

思考一下，我們如何才能和身邊的人一起成長？自己獨自成長，得到的喜悅只有一半；和同伴一起成長，這份喜悅將擴大至二、三倍。與其獨自成長，不如和他人一起。想想你該怎麼做？可以打造一個學習的環境，也可以在那裡分享經驗。像這樣凝聚身邊的人，不只是你，大家都能加速成長。

330

11月25日

你想如何激勵身邊的人？

積極鼓勵身邊的人吧。對於那些總是提不起勁的人，你要怎麼做才能激發他們的動力呢？對於那些有能力卻白白消耗的人，又該給他們哪些提醒呢？你有鼓舞大家的能力，也具有激勵人心的才能。不妨加深和大家的情誼，共同完成某項任務吧。

331

11月26日

誰能夠和你互相切磋？

你的對手是誰？對手的存在，並不是為了要打壓或取代你，更不是你的競爭對象。對手是幫助你成長的人。正因為有這麼一個能與你互相切磋的人，你才願意努力，也才能加快成長的速度。對手的人數不限，別只是找和自己程度相當的，不妨找些比你更有能力的人。

332

11月27日

什麼是別人不做，但你必須做的事？

做一些有別於他人的事吧。而且，還要是新鮮事。要時常追求新的事物，並將精華加進生活中。相較於選擇多數人走的路，你更適合稍微繞路。在著手一項新事物時，一開始你可能難以適應，不過很快你就會發現，大家都在追隨你。這時，你可以再繞個道，選個新鮮事重新開始。

333

11月28日

你想打破什麼樣的常識？

打破常識吧。到底什麼是常識？大家都在做的事？還是大家認為天經地義的事？常識分為必須遵守的常識，和可以打破的常識。對於可以打破的常識，不妨盡情地破壞它。把大家害怕，認為不能打破的常識徹底破壞掉。如此一來，我們才有更為開闊的世界。

334

11月29日

你想接觸何種未知事物？

什麼是你已知的事？多多接觸那些在你回答之外的事物吧。也就是遇見未知。獲得新知會令人開心；接觸未知也能帶來喜悅。多多接觸那些和你不相干的未知事物吧。

335

11月30日

如何將心中的願望說出口？

言語就像魔法充滿能量。有一股寄宿其中的力量，若是持續將願望說出口，那麼願望將會朝著實現的方向開始邁進。因此，不妨將想實現的夢想說出口吧。一開始暗自嘀咕也沒關係，習慣之後，你就會想告訴別人。持續不斷地述說願望，你的願望和想法將在不知不覺間成真。

12
月
DECEMBER

336

12月1日

真正的你喜好是什麼？

或許我們才是最不認識自己的人。不過，還是有了解自己的時候。例如遇到想做的事，我們會立刻去做；遇到不想做的事，我們就會放棄。像這樣，只要持續讓自己感覺幸福又沒有壓力，就能慢慢接近真實的自己。想了解真正的自己，不妨先問問自己想做什麼、不想做什麼。

337

12月2日

你有無論如何都想做的事？

對你來說，什麼是無論如何都想做的事？馬上有答案的人，請立即行動。想做的事不能拖到最後才執行，最重要的是開始的第一步。踏出這一步的最佳時機，就是現在。

338

12月3日

從隱藏的部分，你察覺了什麼？

我們眼睛所見的事物，都是呈現在表面的部分，往往也都以此來評定是非對錯。但真正重要的，是那些看不見、隱藏起來的部分。想像那些看不見和隱藏的部分，實際探訪並查明真相吧。

339

12月4日

如何勾勒更宏偉的願景？

你懷抱什麼樣的願景？你懷抱怎樣的夢想？若你的願景和夢想很渺小，不免有點可惜。要不要試著想像一個壯闊、規模更盛大的願景或夢想？若你能連同輪廓一併想像，不妨在腦海裡模擬實現夢想的過程吧。宏偉的願景或夢想，都是先從勾勒藍圖開始。

340

12月5日

追夢的過程中，你最重視什麼？

朝著夢想前進吧。這個夢想越大越好。但開始執行後，希望你每一步都能小心謹慎，抓準時機再前進。要是過了很久才發現起步的方向錯誤，那麼就得花時間找回正確的路，過程中或許還會讓你失去動力。為了避免這樣的情形，邁向夢想的道路，請務必慎重、抓準時機。

341

12月6日

你有什麼樣的野心？

穩定的生活會帶來平靜，但我們不能安於這分平靜。穩定的生活將使我們停滯不前，而停滯則會帶來壓力。你是個充滿許多潛能的人。因此，就算生活安定，也請不要停滯不前，試著稍微解放心中的欲望吧。試著為沉睡中的曠世巨作寫下結局，將宏偉的願望，轉化為生命的力量吧。

342

12月7日

你現在的目標是什麼？

心中有目標並朝著它向前邁進時，也別忘了確認是否走在對的方向。若你發現自己的方向有誤，請立刻修正成正確的道路。有時候，我們可能會因為自我成長而改變原先的目標，這樣也無妨。這種時候，毫不猶豫地改變目標吧。不論你的目標是什麼，不變的是你一直朝著目標邁進。

343

12月8日

你想努力挑戰什麼？

輕易就能達成的事，不叫挑戰。但過於看重達成目標這件事，不禁會讓人自行降低挑戰難度。如果挑戰較低的限度就失去了挑戰的意義。面對目標，不要總是瞻前顧後。比起是否達成目標，更重要的是持續挑戰極限的態度。繼續勇往直前地挑戰目標吧。

344

12月9日

什麼環境能幫助你成長？

成長並不是只要努力就能獲得，要有適合成長的環境。盡可能讓自己置身於這樣的環境中吧。若是身邊沒有這樣的環境，你可以考慮搬家或轉職，一鼓作氣地改變周遭環境也行。想想看，你希望身邊是群什麼樣的人？希望自己在什麼樣的環境中成長？或許等在前方的是考驗，但相信你一定能克服。

345

12月10日

你有什麼想打造的人事物嗎？

相較於專精某個領域，希望你能多方涉獵各種不同的事物。沒錯，請當一位通才，而非專才。若能以通才的角度思考，即使自己不是站在第一線的人，還是能在幕後打造人、商品或服務。試著以開闊的視野看待事物吧。你想嘗試打造什麼呢？

346

12月11日

如果萬事順利，你想嘗試些什麼？

當你想著事情會這麼順利嗎？果然還是放棄好了的時候，只要重要的人跟你說：「一定沒問題，試試看吧。」你就有勇氣向前邁進。那個重要的人其實也可以是你自己。試著鼓勵自己吧。告訴自己：「我一定做得到。」即便是沒人做過的事，或遭遇了困難，你終究是能堅持到最後的人。

347

12月12日

小時候你喜歡什麼？

你小時候喜歡過什麼呢？或許你早就忘了，也可能還記得，但現在已經不喜歡了。試著回想當時喜歡那些東西的心情吧。當時的心情和喜悅，正是你現在需要的。指引你未來方向的線索，就藏在過去的心情中。

348

12月13日

你想體驗些什麼？

想要追求新的境界，就盡情地接受新的挑戰吧。猶豫該不該接受挑戰的話，只是白白浪費時間。這時，希望你能優先接受挑戰。相較於聽來、看來的知識，還是親身體驗過後再決定比較好。唯有自己的經歷，才能成為你真正的知識。

349

12月14日

此刻你的身邊發生了什麼事？

此刻發生在你身邊的事，其實就是你心裡正在想的事。仔細觀察周遭的狀況吧。不管直接前進的徵兆也好，還是停下來等待時機的徵兆也罷，或許身邊的人都沒有察覺，但你一定能發現。通往成功的線索，總是潛藏在自己身邊。

350

12月15日

你想如何運用知識？

獲得知識的瞬間，我們能感受到自己的成長。只是若就此滿足，未免過於可惜。畢竟你的目標，並不只是獲得知識而已。好好咀嚼獲得的知識，將它運用在達成目標上，這才是汲取知識的意義所在。這麼做，知識將成為你開創人生的武器。

351

12月16日

你注意到身邊有哪些幸福呢？

有些人會不遠千里去追尋心中的渴望，覺得自己應該能更幸福，也認為一定有人能讓自己幸福。但真正能帶給你幸福的人事物，其實就在你身邊。當你有想尋找的東西或想追求的人，先從自己的身邊找起吧。幸福一定就在附近。

352

12月17日

你想分享什麼資訊？

將資訊緊握自己手中，實在浪費。不要吝惜這些資訊，將它們散布出去吧。如此一來，你越能獲得新的資訊。不只是資訊，回饋也將隨之而來。這些回饋，是支持你達成目標的禮物。有許多人正等著你將資訊分享出來。不只是資訊，也將你現在的想法和期望傳播出去吧。

353

12月18日

如何讓彼此心意相通？

我們都希望能和自己周圍的人心意相通。想要心意相通，不能只是膚淺地與人來往，多少都得了解對方內心的一面。例如：對方有什麼期望？想過什麼樣的人生？當然，自己也必須和對方坦誠相見。如此一來，雙方才能相互了解。試著建立這樣的關係吧。

354

12月19日

哪些是理所當然該做好的事呢？

或許你認為成功的人，平時會做一些很特別的事，但絕對不只如此。他們之所以順遂，是因為用做大事的態度，去做好小事；抱著只有自己辦得到的心情，去做好大家都能做到的事。對你而言，這些要做好的小事是什麼呢？釐清之後，傾注全力去執行吧。

355

12月20日

維持平等關係的方法？

人人生而平等，但人與人的關係是相對的。雖然不同立場會有對立關係，不同職務會有上下關係，但還是應該保持對等關係。保持平等與中立，才易於維持彼此的關係。試著建立能夠說出自己想法，並接受對方想法的關係吧。

356

12月21日

如何讓好運降臨？

優秀的你或許靠實力就能拿出些許成果。但想要更進一步發展，我們都希望能有好運降臨。現在就讓好運降臨吧。為此，你必須學習察覺運勢，抱著感恩的心行動。不是只有遭遇困難時，才需要仰賴好運，平時就要懂得感恩，讓好運長伴你左右。

357

12月22日

你想創造什麼樣的成就？

我們時常會拿一個人過去的成就，來評斷對方。與其在意「現在說了什麼」，希望你能更重視「目前為止做了什麼」。倘若你還沒有能稱為成就的事蹟也無妨，你現在踏出去的一小步，未來都將成為你的成就。成就的大小並不重要，即使只是微小成就，也希望你能看重自己持續了多久這件事。

358

12月23日

是什麼束縛了你？

很多人以為自己是自由的，卻不知道其實自己受困於無形的枷鎖中。甚至這道無形的枷鎖，還是由自己打造的。察覺到這點後，請解開枷鎖，趕快走出拘禁自己的房間吧。打開門後，你一定會看見一個嶄新的世界。

359

12月24日

你的行動方針是什麼？

第一步很重要，但若不經思考就胡亂展開行動，我們很快就會不知道該往哪裡走。為了避免這種情形，展開行動前先確定行動方針吧。問問自己最珍惜什麼？這個答案將十分接近你的方針。不管是受挫或順利的時候，只要遵循方針，你就不會迷失自我。

360

12月25日

如何激勵周圍的人？

你是否知道自己的行動關鍵在哪裡？每個人都有一個能驅使自己身心自動採取行動的泉源，知道自己的泉源所在後，不妨也幫身邊的人找找他們的行動關鍵。試著刺激這些關鍵，找出讓動力自然而然湧現的辦法。

361

12月26日

你理想中的街道，是什麼模樣？

你住的街道是什麼模樣？在這個街道上，應該有很多其他街道沒有的魅力。如果想讓街道更接近理想中的樣貌，你該採取什麼行動呢？一旦知道該採取哪些行動，你自然知道該從哪裡著手。

362

12月27日

如何才能讓大家目標一致？

想讓團隊的成員目標一致，你可以做什麼？同在一艘船上的四個人，若是各自朝著不同方向划行，整艘船將無法前進。如此一來，朝著不同方向前進只是白白浪費團隊成員的精力。難得有緣成為同一個團隊，應該要同心協力，朝共同的目標邁進。

363

12月28日

什麼時候的你最天真無邪？

隨著我們成為大人，也將逐漸失去天真的自己。「都多大了，真愚蠢」、「太丟臉了，我做不來」，因為這樣的想法，會增加不少做不到的事。但其實天真就是將自己真實的一面展現出來。展現自己天真的一面，讓他人更容易對我們有共鳴，願意支持我們。試著回到孩提時期，找回那分天真吧。如此將會開闢新的道路。

364

12月29日

怎麼做才能順應自然？

努力有時會變成一種強迫，甚至讓身體出現問題。人類原本的韻律稱為「自然律動」。這個律動既不會過快，也沒有一定的間隔。只要將自己的韻律重設成自然的律動，就能找回原本的步調。想採用自然的律動，必須要多多接觸大自然。當感到身體不舒服時，試著讓自己置身於自然當中吧。

365

12月30日

你想全心投入什麼新事物？

讓自己投入某件事需要勇氣。雖然如此，一直待在安全又安心的地方，並不能讓自己成長。試著一頭栽進未知的領域吧。只有這麼做，你才能拓展新視野。不要過度思考，就投入其中吧。

366

12月31日

你每天有為自己留些放空時刻嗎？

以武術來說，使用蠻力是無法打敗對手的。同樣的，在緊張的狀態下，你將無法發揮原有的實力。適當地放鬆，才能使出真本事。切記放鬆不是偷懶。若想讓自己放鬆，記得每天為自己預留放空的時間。好好休息不去思考，才能讓力量不斷湧入。

問自己什麼問題，就代表你想過怎樣的人生

這不是一本用來閱讀的書，而是要讓你「回答」的書。此外，相較於書中的內容，你的回答才更有價值。因此，請好好珍惜你的回答。

正在閱讀後記的各位，也許已經答完所有的問題。已經答完的各位，請從今天的問題開始，從頭再回答一輪。當你們再答完後，繼續從答完的那天重新開始作答。雖然問題都一樣，但每年得到的答案應該都會有所不同。透過這些提問，你應該能感受到自己的變化與成長。

前幾天，有人向我提出一個問題。

「在至今學到的知識技能中，什麼是你最慶幸自己學會了的東西？」

我只花不到一秒鐘就答出來了，「對我來說，是提問力。」

提問力是能讓人生產生巨大變化的力量。持續回答問題，就是不斷在學習提問力。透過這本書，各位的提問力應該提升了不少。下次請自己隨意設計問題，並拿這些問題問問自己和重要的人吧。

我認為你問自己什麼樣的問題，就代表你想過什麼樣的人生。持續地提問，不斷地回答，從而編織自己理想的人生吧。

至今為止，我在海內外推出了四十本以上關於提問力的著作。然而，這是第一本以三百六十六天的形式推出的著作，也是我一直想推出的形式。

感謝提供給我這個機會，我二十多年的好友山本時嗣先生，以及森岡純一室長。還要感謝在我執筆創作三百六十六天份的提問時，我的人生導師來夢老師，在這段期間傳來的訊息，我從中獲得了不少啟發。感謝您多方的照顧。

「魔法提問」的活動創辦至今已經超過十八年，有超過五千位講師和輔導員參與。正因為有這些人的存在，這本書才得以問世。謝謝大家一直以來的支持。

最後，由衷感謝我的人生伴侶WAKANA，謝謝妳與我一起開創人生。

衷心希望這本書能成為改變你人生的契機。

松田充弘

國家圖書館出版品預行編目資料

1日1問的答案之書：10秒提問習慣,7天後開始好事不斷,365夢想成真!/松田充弘作；徐月珠譯.
-- 初版. -- 臺北市：三采文化股份有限公司,
2022.09
面；　公分. -- (Mind map；243)

ISBN 978-957-658-893-8(平裝)

1.CST: 成功法 2.CST: 思考

177.2　　　111010822

suncolor 三采文化集團

Mind Map 243

1日1問的答案之書：

10秒提問習慣，7天後開始好事不斷，365夢想成真！

作者｜松田充弘　譯者｜徐月珠
編輯二部 總編輯｜鄭微宣　主編｜李媁婷
美術主編｜藍秀婷　封面設計｜鄭婷之　美術編輯｜方曉君
行銷協理｜張育珊　行銷企劃主任｜陳穎姿　版權選書｜劉契妙
內頁排版｜陳佩君　校對｜黃薇霓

發行人｜張輝明　總編輯長｜曾雅青　發行所｜三采文化股份有限公司
地址｜台北市內湖區瑞光路513巷33號8樓
傳訊｜TEL:8797-1234　FAX:8797-1688　網址｜www.suncolor.com.tw
郵政劃撥｜帳號：14319060　戶名：三采文化股份有限公司
本版發行｜2022年9月2日　定價｜NT$420

suncolor

suncolor